鳥は幸せだから
さえずるのではない。
さえずるから
幸せなのだ。

「大丈夫
しんぱいするな
なんとかなる。」

一休和尚の遺言らしい。
和尚は弟子たちに「本当に困ったら、
開けなさい」と、封書を一通渡して、
亡くなった。 その後
難題が持ち上がり弟子たちが
集まり、封書を開くと、この
文字が書かれていたという。

散歩道より、

H11.3.13

笑《しょう》学《がっ》校《こう》

中村和弘
Nakamura Kazuhiro

風詠社

まえがき

二十二歳で公立中学校の体育教師になった私は、四十一年間勤続し、一片の悔いなく退職することができました。

その間、職場では楽しく愉快な同僚や生徒に恵まれてたくさん笑わせてもらいました。妻や家族、友人、知人にも恵まれ、これまたたくさん笑わせていただきました。

本書には心に残る笑いのエキスを収めました。

本書を読んでくださった皆様をは行（ははは・ひひひ・ふふふ・へへへ・ほほほ）に誘えたら幸いだと思っています。

構成は出版社のお力を借り、「その心は……」「嗚呼……勘違い」「ためになる話」「夫婦のホンネ」「日本語ハムズカシイ」「笑える話・怖い話」「贈る言葉」の七つのカテゴリーになっています。

表現には若干盛った項目がありますが、内容については、日々の出来事を綴った「かわら版」を基に作成してありますので、すべて実話であ～る。

笑門来福《しょうもんらいふく》という言葉があります。私が関わらせていただいた多くの方々に笑いで恩を返し、本書を手にしてくださった方々に福をもたらせたらなぁという思いを込めて笑学校《しょうがっこう》を書きました。

どうぞよろしくお願いいたします。

笑いは人の薬

泣いて暮らすも一生
笑って暮らすも一生

笑って損した者はなし

笑う門には福来る

怒れる拳　笑顔に当たらず

目次

嗚呼……勘違い

夫婦のホンネ……137

日本語ハムズカシイ……147

笑える話・怖い話…………159

装画・口絵　中村和弘
装幀　2DAY

その心は……

【生徒総会】

体育館での生徒総会を終えて職員室に戻った。

「今日の生徒総会とかけて、レアル・マドリードのサッカーと説く……」

「その心は?」

「〝良いシュート〟(用意周到)」

【降参】

中学三年数学。教科担任にはある作戦があり、生徒たちにはぜったい解けない難問を出題した。想定通りいつまで経っても正答を導き出せない生徒たちに教科担任が、

「降参の人～?」

「ハ～イ……」「ハ……イ……」「……ハイ……」

「えっ～、君たち〝降参〟(高三)か? 中三じゃぁなかったのか?」

「先生、それ言いたくてこんなに難しい問題出したんですね?」

【鳩】

「授業中、教室に飛び込んだ鳩が壁にぶつかって大騒ぎだったよ!」

「〝ハート〟が痛む……」

【野球拳】

インフルエンザが大流行した。欠席者が激増し、学級閉鎖や学年閉鎖が検討された。昼休みに緊急職員打合せが開かれ、

「今日の部活動は大会が迫っている野球部と剣道部だけにします」

「そうか、今日やっていいのは、〝野球拳〟（野球・剣道）か……」

その心は……

【湯呑】

京都への修学旅行。体験学習で清水焼の湯呑を作った。

「今から世界にたったひとつしかないオリジナルの湯呑を作るぞ〜。ええな〜、今から作る湯呑は、世界にひとつしかない湯呑になるんだ〜。だから、〝ユーのみ〟（You のみ）って言うんだ〜、わかったかぁ〜」

【冷凍ミカン】

給食に冷凍ミカンが出た。その日の昼休みの職員室で、冷凍ミカンを両手にひとつずつ持っ

た理科の同僚が、

「この二つの冷凍ミカンを、化学式で答えなさい」

「わかりません……」

「それでは答を教えてあげましょう。答はCO2。二酸化炭素です。なぜかというとC（Cold）O（Orange）が二つだから、CO2です」

【熱燗】

「今日の調子はどう？」

「ありがとうございます。僕ちゃん絶好調です。Oさんはどうですか？」

「俺か？　俺も燗徳利だよ～」

「燗徳利？　燗徳利ってどういう意味ですか？」

「あのな、熱燗は銚子で飲んだほうがいいじゃんな。だから〝調子〟（銚子）がいいってことだよ～」

【臍の胡麻】

マザーテレサは、「愛の反対は無関心」と言った。この名言を借りるなら、チョビを出したり出されたりする関係は、お互い関心がある行為なので、そこには愛が存在していることになる。

「さっきチョビなしで先生の後を通り過ぎたけど、どうでした？」

「あんたのチョビは、臍の胡麻みたいなもんだからなぁ～」

「どういう意味ですか？」

「あるとうっとうしいが、ないと寂しい……」

【管理主事訪問】

教育事務所管理主事が来校し、我々の仕事ぶりを見てくださるのが、管理主事訪問だ。その日に備え我々は校内の環境整備をし、公開授業用の指導案を書いた。訪問日にはその指導案をもとに授業をやる。


六時間目に三年三組で社会科の公開授業を行う同僚がいた。

「そろそろ管理主事がお見えになる頃だ。よ～し、いいとこ見せちゃうぞ～」

「キャー先生～、助けて～！」「蜂で～す！　キャー」

「でっかい蜂が教室に入ってきました～！　ウワァ～」

「そこ飛んでます～。あ～ん！　恐い～ん。刺されたらどうしよう～！」

「先生～、なんとかしてくださ～い！」

「なんだと！　みなしごハッチが教室に入って来たってか！　どこにいる？　私に任せなさ～い！」

「トリャー！」「チョ～ッス！」「バシッ！」

さすが女子テニス部主顧問。手にした指導書を丸めてラケットを作り、空中飛んでた蜂を、強烈なスマッシュで叩き落とした。あまりにも強烈なスマッシュだったので、蜂は木っ端微塵になって周辺に飛び散った。

「うわぁ～、蜂の足が机の上に飛んできた。誰かティシュちょうだ～い！」

「キャーッ！　先生なんであんなに強く叩いたんですか！」

「バラバラになっちゃってぇ～、蜂が可愛そう～」

「そうだそうだ～、蜂がかわいそうだ～」

ちょうどその大騒ぎの最中に管理主事様ご一行が教室に見えられた。意気込んで臨んだ〝公開〟授業が、〝後悔〟授業になってしまった。

【糖尿】

糖尿病の同僚がいた。

「俺は糖尿を治すためにパチンコやってるだぞ……」

「なんでパチンコやると糖尿にいいんですか？」

「負けて金が無くなったとき、血の気が引いて顔面蒼白になる。それが糖尿にいいだよ……」

【師走】

「師走が好きなヒーローは誰でしょうか？　①ウルトラマン、②仮面ライダー、③鉄人28号、④スーパージェッター、⑤月光仮面、⑥鉄腕アトムの中から選んでください。答はウルトラマン。だって、〝シュワス〟（師走）って叫ぶじゃん」

【骨】

音楽科の同僚は、前日の晩御飯で食べた秋刀魚の骨が喉に引っ掛かり、翌日午後になっても取れなかった。そのことを知った生徒たちが、
「先生、喉に引っ掛かった魚の骨がずっ～と取れなかったらどうするの？」
「骨が溶けるまで待つわ！」
彼女は名実ともに、〝骨〟のある人だった。

【自己嫌悪】

「昨日も負け。その前も負け……、その前の前も負けた。ここんとこかるく十連敗はしてるなぁ……。完全に〝潜水艦〟（沈みっぱなし）だ……」
「そんなに負けてばかりいるのに、なぜパチンコやるんですか？」

「自己嫌悪を味わいたいからかもしれねぇなぁ……」

【新郎】

同僚の結婚式が明日になった。職員室に入ろうとする私と、職員室を出ようとする明日の新郎が鉢合わせした。一歩下がった私は、明日の新郎に進路を譲った。明日、新郎になる同僚は、
「〝新郎〟に〝進路〟を譲ってくださり、ありがとうございます！」
と言った。それに応えて私は、
「明日から〝心労〟や〝辛労〟もあるかと思うがめげずに頑張れよ」
と返した。

【御用聞き】

「今日の柔道は、武道場でいいですか？」
「あぁ、〝バナナ〟場じゃなくて、〝リンゴ〟場じゃなくて、〝ぶどう〟（武道）場でいいよ」

【蒙古斑】

「一年三組の五時間目は茶道教室だな……」

「〝さぁどう〟なりますか……、だねぇ……」

「今の、まぁまぁだったな。アハハハ～」

「えっ、なぜ笑うんですか？　今誰か笑えるようなこと言いましたか？」

「今の作品を理解できないことがわからない。〝さどう〟（茶道）教室だから、〝さぁどう〟なるかじゃん。今のが解らないようじゃぁ〝蒙古斑〟だぞ」

「蒙古斑て確か、赤ちゃんのお尻にある青いあざみたいなやつですよね？」

「そうだよ。蒙古斑て言われたら、尻が青いってことなんだよ。尻が青いってことは、赤ちゃんだってことじゃん。赤ちゃんは未熟だら？　だから貴女は、まだまだ未熟ってことなんだよ！　解った？」

「はぁ……、なんとなく……」

【タバコ】

健康増進法が改正され、学校敷地内での喫煙が禁止になった。

「ざまぁみろ！　ここなら大丈夫だ。誰にも文句を言わせな～い。ガハハ」

愛煙家の同僚は車を走らせて学校の敷地を出て、愛車の中で思いっきりタバコを吸った。

同僚が帰宅すると、タバコ臭が大嫌いな中三長女が車に乗ってきた。

「うわぁ～、車の中タバコ臭～い！　ゲーッ。お父さん、車の中でタバコ吸ったでしょう？　窓開けずにタバコ吸ったわね！　正直に言いなさいよ！　お父さん！　タバコ吸ったんでしょう？　ってば〜！」

「……（まずい）……」

「あのね……、これが最後よ……。お父様、今日車の中でタバコ吸ったでしょう？　怒りませんから、正直に言ってください！」

「（お〜恐い……。問い詰め方が女房と一緒だ……）すいませんでした……」

「すいませんでしたぁ〜？　いったいどっちの〝すいませんでした〟なのよ〜？」

【下校指導】

「ちゃんと歩道を渡らんと警察に捕まるぞ〜」

「本当ですか？」

「当たり前だ。歩道を歩かんと補導される」

「うまい。座布団一枚」

「車道を歩くな〜。だめだ〜、まだ影が出てる〜」

「影が出てる？　どういうこと？」

「まだ〝シャドウ〟（車道＋shadow：影）が出てる」

「今のもうまいけれど、生徒にはちょっと難しかったな」

【悔い改めよ】

「おかしいなぁ、数は合ってるのに、幕の内弁当がひとつ足りない。他の弁当を注文して幕の内弁当を食べちゃった人がいるはずだ。まさかと思うが、また彼女かもしれない……」

「今日お弁当の注文した？」

「はい。注文しました」

「幕の内弁当頼んだ？」

「幕の内弁当？　すみませ～ん。あたしまたやっちゃいました。あたしが頼んだのは、唐揚げ弁当でした」

「やっぱり貴女だったか。悔い（食い）改めなよ」

【草取り】

夏季休業中に親子奉仕作業があった。始まりの会で校長が、

「皆さん、今日は親子揃っての奉仕作業にご参加いただきありがとうございます。暑い中大変ですが今日の作業は草取りです。草取りをやってると、苦しいけれど悟りがあるはずなんです。だから〝苦悟り〟（草取り）と言うらしいですよ」

「お～、校長、うまいぞ～！　座布団二枚だぁ～」

【ユーモアセンス】

「何を聞かれても答えない人は、身体のどこが悪いでしょうか？」

というクイズに教頭は、

「耳が悪い」

と答えた。答としては、捻りも面白みも無く、感動もない。最低最悪の答だ。こんな答を言うってことは〝私にはユーモアセンスのかけらもありません。皆さんどうぞ私を笑ってください〟と言っているようなもんだ。答は、〝扁桃腺〟（返答せん）である。

【薬缶】

「○○君、まだ昼間なんだけど、そこの〝やかん〟（薬缶）貸してくれるかなぁ」

「うわぁ〜、さすが校長先生だ〜。今の洒落最高ですね！」

「そうかい、そうかい。ありがとな！」

この程度の洒落も、校長が言うと大受けだ。

【夕食】

京都の旅館で、晩御飯をいただいた。

「仲居さ～ん、嵐山盛りでご飯のお代わりくださ～い」

「なるほど～。京都にちなんで、山盛りってことですね？」

「こっちは清盛でお願いします」

「はぁ……、清盛どすか？」

「僕、ダイエット中だから、〝たいら〟（平）の清盛でお願いしま～す」

「ま～ぁ、おじょずどすぇ～、オホホ～」

「今日の晩御飯は、牛と馬の競走でした」

「はぁ……？　……どういうことどすぇ？」

「〝馬勝った〟（美味かった）」

「まぁ皆さんお上手どすわ～。こんな楽しい夕食は初めてどした。オホホ～」


【南禅寺】


南禅寺三門に登った。

「急な階段で恐かったでしょう？」

「恐かったです……」

「恐いはずだよ。だから〝かいだん〟（怪談）って言うんだよ」

「アハハハ～、な～るほど。校長先生～、うま～い！」

【剣道部】

「次、面体！」

「ほぅ、面打ちから体当たりの連続技を面体って言うのか。そいじゃぁ、面体の後に小手打ちだったら〝明太子〟(面体小)じゃん！」

「ガハハハ〜、うまいこと言いますねぇ！」

【坊主の頭】

「わたくし、嘘と坊主の頭はゆったことがありません」

「なんだそりゃ？」

「教頭先生ともあろうお方がご存じないだなんてねぇ……。そいじゃぁ言って聞かせやしょう。坊主の頭って毛が無いでしょう？　髪の毛ないから結えないじゃないですか。だから嘘も坊主の頭と同じで、絶対に〝結〟(言)えない、〝結〟(言)ったことがないってことですよ」

【乞食のお粥】

「乞食のお粥はご存じですか？」

「なんだそりゃ？」

「教頭先生ともあろうお方がご存じないだなんてねぇ……。そいじゃぁ言って聞かせやしょう。乞食はお金がないからお粥に入れる具を買えないでしょう。具が入ってないから、お湯ばっかりのお粥になる。つまり〝湯〟（言）うばっかりで行動が伴わないことですよ」

【余念】

「テスト作りによねんがないねぇ。テスト問題作りによねんがない。あのさぁ……、テスト作りによねんがないってば～」

「はぃはぃ……。言いたいことはわかりますよ。〝余念〟と〝四年〟を引っかけた洒落でしょ？中学には〝四年〟がないし問題づくりにも〝余念〟がないってことだよね……」

【あたふた】

給食を食べ始めたら、蓋のないソースが回ってきた。

「どっかにソースの蓋無いか～？　探してくれ～」

「ありました～」

「あったか、良かったよ。蓋が無いからあたふたしたけど、蓋があったから、〝あった蓋〟したよ！」

「お～、今の何気に良いですねぇ～」

【ＡＥＤ】

ＡＥＤを使いこなせるようになるための職員研修会が、またまた開かれた。

「ＡＥＤって何の略だっけ？」

「Ⓐあんたら、Ⓔえーかげんに、Ⓓできるようになるさの略だ～」

と教頭が言った。だが本当は、Ⓐutomated（自動）Ⓔxternal（体外式）Ⓓefibrillator（除細動器）の略である。

【ナン】

給食に〝ナン〟が出た。

「今日の給食は〝ナン〟だぇ？」

「あの食べ方は〝ナン〟だかおかしいな……」

「〝ナン〟を数える人の職業は〝ナン〟でしょうか？」

「お坊さん。だって、〝ナン〟枚だ～、〝ナン〟枚だ～って数えるじゃん！」

【泥鰌《どじょう》】

顕微鏡を使って泥鰌の毛細血管を観察する理科の研究授業があった。

「顕微鏡で泥鰌を見るとき、どうしても男子が先に見るじゃんな。女生徒は遠慮して、順番待ちするだよ。だから俺が女生徒に〝どうじょう見てください〟って言ったらものすごく受けたっけぞ。ガハハハ～」

と学校長が自慢した。

【学習発表会】

「海の変な食べ物」というテーマで学習発表をする生徒がいた。

「校長先生はイルカの肉を食べたことありますか？」

「ありま～す！　鯨の肉も食べたことがありま～す！」

校長は、その発表を聴講していた生徒と保護者に、

「この中にイルカの肉を食べたことがある人は〝イルカ〟？」

「〝鯨〟の肉は何時に食べるでしょう？」

と言って大爆笑をゲットした。

【航空自衛隊】

「おはよう～」

「おはようございま～す！」

校門付近に立った私たちは、生徒の登校を見守りながら挨拶を交わしていた。ほとんどの生徒は挨拶を返したが、素通りする生徒もいた。そんな生徒に教頭が、

「航空自衛隊じゃぁだめだぞ！」

「どういう意味ですか？」

「航空自衛隊は、空を使う！」

「すばらしい〜！」

【トライ】

ラグビーの資料を使って道徳の研究授業が行われることになった。事前研修会で校長が、

「授業者から、挑戦という言葉が頻繁に出てきました。扱う資料もラグビーなので、多くのトライが見られることでしょう！」

【おいくら？】

修学旅行中、バスで見学地を移動しているとき、ガイドさんがクイズを出してくれた。

「今から言うものの値段はいくらでしょうか、当ててください。ひとつめは金魚。ふたつめは穴の開いた鍋。みっつめは水が入ってる徳利で〜す。さていくらでしょうか？」

「わかりませ〜ん。答を教えてくださ〜い」

「答を言いま〜す。金魚はまずくて食えんでっしゃろ？　だから九円。穴の開いた鍋では煮えませんから二円。水入り徳利ではいくら飲んでも酔えまへんから四円です！」

【奈良公園】

「今奈良公園の鹿は発情期どす。お客さんに怪我をさせないようにもうすぐ角切りが始まります。皆さんも鹿につつかれないよう気をつけておくれやす……」
「ガイドさ〜ん、鹿に襲われたらどうすれば良いんですか〜？」
「〝シカト〟するのがよろしい……」

【東大寺】

「これが国宝の八角灯籠どす。その名の通り面が八面ありますが、何度も盗まれた面がありました。何度も盗まれたのは、やっぱり〝東南〟（盗難）の面だったそうどす……」

【選択授業】

「二年生の選択授業は、金曜日の三時間目に決まりました」
「それじゃぁ〝おうおうおうおめえら〜この背中の桜吹雪、まさか見覚えがねぇたぁ言わせねえぜ！〟じゃん！」

「はぁ〜ん？」

「遠山の〝金さん〟（金三）に決まっただら？」

【春夏冬二升五合】

「小料理屋の壁に貼ってあったんだけど、〝春夏冬二升五合〟はなんて読むでしょうか？」

「秋がないから〝あきない〟（商い）だよね。それは分かる……」

「その通り。秋がないから商い。それじゃぁ二升五合は？」

「う〜んとねぇ……」

「答を言うよ。二升五合は一升枡二杯と一升桝に半分だから、桝桝、半升になる。だから〝商益々繁盛〟と読みます」

【クイズ1】

「ア行からタ行の中に、果物を食べる練習をしている行がありますが、それはどの行でしょうか？」

「答はカ行です。カ行は、柿（カキ）食（クう）稽（ケい）古（コ）をしています」

【GM】

「生徒のとこへ行ったら、GMが来たって言われた」
「GMっていったら、ジェネラル・マネージャーじゃん。凄いなぁ～」
「違うよ、〝ゲジゲジ〟（G）、〝眉毛〟（M）だってさ……」

【犬の卒倒】

「あんたの授業は犬の卒倒だな」
「どういう意味ですか？」
「〝ワン・パターン〟！」

【帰るコール】

送信①「今から帰る」
返信①「シンデレラ」
送信②「意味不明？」
返信②「シンデレラ→灰かぶり姫→〝はい〟じゃん」
返信③「シンデレラのこと灰かぶり姫っていうの知らないっけだ？」

返信④「そんなの常識じゃん」

【資源ごみ】

「その袋の中のゴミは、そう～っと捨ててきてよ。なぜかというと、その袋の中には、〝ビン・缶〟（敏感）が入ってる」

【理科テスト】

「解答用紙の、問7の（1）を見てください。葉と書いてありますが、葉を根に代えてください」

> 7 （1） ~~葉~~→根

「みんなわかったか～？　〝葉〟じゃ〝根〟ぇってことだぞ」

【渦】

準備体操を終えシャワーを浴びた生徒たちがプールサイドに集まってきた。あ～ら不思議。

プール水が循環する影響でプールの中央に直径２ｍほどの渦巻きができていた。

「みんな～、あそこ、見てみな！」

「お～渦だぁ～。渦巻いてるぞ！」

「凄ぇ～、後で行ってみるか！」

「吸い込まれることはないだろうが、気をつけて行けよ！」

もうすぐ授業が終わる。

「集合～。授業前にプール中央にできた渦を見たよな？」

「は～い！」

「さっきみたいな渦に巻き込まれたとき助けてくれる薬があるんだけど、なんていう薬か知ってるか？」

「……？？？　……」

「わからないか？　では答を教えてあげましょう。え～、答は〝宇津〟（渦）救命丸ですね」

「……はぁ～ん？？？　……」

「お前たち、もしかしたら、〝宇津救命丸〟ていう薬を知らないのか？」

「うず……？？　き？　めい？？」

「小さい頃夜泣きしたとき飲んだことはないのか～？」

「解散だ～。早く着替えて教室行け～」

【一本】

柔道の授業では、始めと終わりに座礼をする。

「さぁ授業を始めるぞ。四列横隊に整列。夜空の星」

「どういうことですか？」

「〝星座〟（正座）だ」

「うわぁ～、そういうことか～。完全に一本取られたなぁ～」

【ショートケーキ】

「みんなは毎月ショートケーキの日があるっていうのを知ってるか？」

「知りません。いつですか？」

「この月カレンダーを見てください。毎月二十二日がショートケーキの日です。なぜかというと、二十二日の上は必ず十五日です。つまり二十二日の上に〝イチゴ〟（一五）が乗ってるんです。だからショートケーキの日なんです」

【乾燥】

「今朝の洗濯物は部屋干し？」

「ええ、雨が降りそうなので部屋干しにしてきました。さっき自分でもうまいこと言ったと思ったんですけどね。今日は朝からジメジメしてたじゃぁないですか。朝の会の時、生徒は昨日聞いた金管五重奏の感想を書いてたんですけど『こういうジメジメしている日は、〝かんそう〟（乾燥）が良いね』って言ったんですよ。ほんの数人は解ってくれましたっけ……」

【ベンツ】

同僚が中古ベンツを買った。

「車体価格は三百くらいですかねぇ。四ヶ月待ちでしたよ」

「いいねぇ。格好良いね〜。エコカーなの？」

「一応エコカーですね」

「ベンツはデザインはいいし、性能もいいし、身体にもいいって聞くよ。ベンツに乗ると、〝便通〟がよくなるって言うじゃん！」

【鯖缶】

マーケットに山積みになった鯖の缶詰があった。

「あの鯖缶、早く〝さば〟（捌）かんと、売れ残っちゃうな」

【烏賊】

「聞いて下さいよ〜、昨日の授業で烏賊の解剖やったんですよ。だから昨日はもぅ烏賊を見るのも嫌だったんです。ところが昨日の夕飯に烏賊が出たんですよ。この話、〝いか〟がですか？　へへへ〜」

【アイサイト】

「アイサイト（EyeSight）っていう機能、ものすごく便利だってなぁ〜。速度調節や車間距離を自動的に判断して走るっていうじゃん」

「便利ですよ〜、渋滞にはまったときなんか勝手に走ってくれますからねぇ」

「へぇ〜、凄い機能だねぇ。羨ましいなぁ〜」

「そんなに羨まなくてもいいですよ。先生もアイサイトじゃないですか」

「えっ、僕がアイサイト。どういうこと？」

「先生は〝愛妻人〟じゃないですか」

「今の良いなぁ、メモさせてもらうよ！」

【顧問】


コモンセンス（commonsense）には、常識とか良識という意味がある。

その時男子バスケットボール部顧問は、大会参加申込書を書いていた。

「おっ、珍しく顧問らしい仕事をしてるじゃないですか」

「コモンセンスだ！」

バスケ部顧問は、〝顧問センス〟と〝常識・良識〟の両方を一発回答した。


【ビートルズ】


「今一年生の体育は何をやってるんですか？」

「ビートルズをやってるよ」

「ビートルズ？」

「〝ヘイ・柔道〟（HeyJude）をやってる。ガハハハ〜！　うまいでしょう？」


【キュウリょう日】


「このことを三年部の先生方に忘れないようにお伝えください」

教頭が言った〝このこと〟とは、〝給料日〟のことで、「職員は忘れることなく事務室に行って給料明細書をもらってください」ということだった。教頭は、各学年部用にキュウリのイラストをプリントアウトし、背面に磁石を貼り、学年黒板にくっつくように作ってくれた。

給料日の三時間目。私は教頭が作ってくれたキュウリイラストを手に持ち、学年黒板に近くに座ってた若い同僚二人に見せた。

「これ何のことか解るか？」

「なんですか、そのくだらないのは……」

「まさか〝給料日〟と〝キュウリ〟をかけてるんじゃぁないでしょうね？」

「〝給料日〟だから〝キュウリ〟ってか。アハハハハハ～。笑えるぅ～」

二人の若手は、「くだらない」と罵り、鼻で笑った。二人は完全に私が作った掲示物だと誤解していた。

「おぃ君たち、今くだらないって言ったな？　馬鹿にして笑いもしたな？」

「言いましたよ！　笑いましたよ！　それがどうしたっていうんですか～チッ……」

今度は舌打ち付きだ。小生意気な若手を懲らしめる大チャンスが到来した。

「おぃ！　そこの二人！　控え～、控えおろう～。この掲示物をお作りになった方をどなたと心得る！　そこにお座りの教頭先生様なるぞ～。愚か者ども頭が高～い！　控え～！　控えおろう～～～！」

小生意気二人組は、思わぬ展開に顔が引きつった。だが私は追及の手を緩めることなく、さらに遠山の金さん風に、

「おぅおぅおぅ、そこのお二人さんよ～、くだらねぇと言ったり失笑しやがって、教頭先生に

ずいぶんひどい仕打ちをしやがったな！　おぅ！　悪党ども、今すぐ教頭先生に謝りやがれ～！」

二人はうつむき、悔しさに握りこぶしを震わす教頭の方を向き、

「こっ……、このキュウリの掲示物……。作ってくださったの……、教頭先生だったんですか……？　……さすがですねぇ……」

「教頭先生がおつくりになられた……。どおりで品がある掲示物だと思ったんですよ……。教頭先生が作られただけあって、解りやすくてとってもいいですねぇ。ありがとうございます……」

なんという豹変。なんという手の平返し。なんという二枚舌！

「二人ともなに言ってるだぁ～。さっき言ったこととぜ～んぜん違うじゃないか。そんな見え透いた手の平返しの言動を、人として恥ずかしいと思わないのか～？　さっきまでの狼藉を誤魔化せるわけないわ～！　ガハハのハ～だ」

気の毒だったのが教頭だ。目の前で我々のやりとりの一部始終を見ていた教頭は、二人の若手に「くだらない」と罵られたことで完全に自信を無くした。教頭は、

「キュウリの掲示物……、くだらなかった……？　……実は僕……、ボーナスのときも作ろうと思ってたんだけどなぁ……。ハァ……」

「そうですか、ボーナスの時には棒と茄子のイラストですね！　良いですねぇ～是非作ってください！　お願いしますよ！」

【ボーナス】

今日は夏のボーナスだ。

「教頭先生、今日は茄子に棒の掲示物作らなかったんですか？」

「えぇ……、作るの止めました。キュウリょう日に、打ち拉がれましたから……」

【インクルーシブ】

「インクルーシブ（inclusive）ってのはどういう意味なの？」

「含むとか、包み込むっていうような意味ですね」

「どうやって覚えたらいいかなぁ」

「僕は、〝インくるぶし〟（踝）って覚えてます」

【肉まん】

「昨晩校長に肉まん奢ってもらっただってな？」

「えぇ、ごちそうになりました。校長先生が、罪を憎んで人を肉まんって言いながらみんなに配ってました。おもしろいですよねぇ〜。さすが校長先生です」

【専門委員長】

「僕は中学の時、太鼓専門委員長だったんですよ！」

「太鼓専門委員長？　そんな委員会あったのか？」

「あったんですよ。僕は黒い鉢巻き締めて、裸の上に学ラン着て、いちばん大きい太鼓を叩かせてもらいました。凄いでしょう！　エヘン」

「君は太鼓を〝打つ〟のはうまいかもしれないが、太鼓を〝持つ〟のは下手だよな」

【滑る】

明日明後日の二日間は、公立高校受験日だ。

「昨日の授業でバスケットをやったが、ドリブルしていて突き指した者がいた。幸い大事に至らなかったが、明日の受験で鉛筆持てないなんてことにならないように注意してやろう。二つ目は床だ。今日は床が滑る。だが君らは今日も、そして明日も明後日も、滑らないようにやってくるだぞ」

「アハハハハ～、わっかりましたぁ～」

「先生もしょっちゅう滑りますから、気をつけてくださいよ～」

【内定】

三年生を対象に、スマホ使用の講習会をやった。

「むやみやたらに、写真を撮って送信しないほうがいいですよ。この写真を見てください。未成年なのに、お酒を飲んでる写真を投稿したこの高校生は、就職の内定が取り消されちゃったんです。内定が取り消されたその高校生は、〝泣いてい〟(内定)ることでしょうね」

【扇風機】

「昨日娘が数ヶ月ぶりに家に帰ってきたんだけど会話らしい会話が無くて、娘がたったひとこと言ったのが、お父さん、扇風機の前でおならしないでだった……」

「え～っ、主任は娘さんに向かって吹いてる扇風機の前で屁を放ったんですか？　よくそんなことできますねぇ～」

「別に出したくて出したわけじゃぁないだよ。自然に出てしまった……」

「自然に出る屁なんて聞いたこたぁありませんよ。そんなことしたら、嫌われるに決まってるじゃないですか。話をしてもらえなくなるの当たり前ですよ。それで主任は娘さんの言葉にどんな反応をしたんですか？」

「別に……。なんにも返さないで、黙って聞き流した……」

「うわぁ～そりゃもったいないことをしましたねぇ。千載一遇のチャンスを逃しましたよ。もし私だったら、扇風機の前で屁をしてなにが悪い？　これが本当の〝扇プ～機〟だ！　って返しましたねー」

【異種校研修】


「先生方、今日一日お世話になりました。ありがとうございました！」

「お疲れ様でしたね。お二人とも小学校からいらっしゃったんですよね？」

「私は三小に勤めてます！」

「そうですか、先生は三小からいらっしゃったんですか。山椒は小粒でピリリと辛いって言いますから、きっと先生も三小でご活躍されてらっしゃるんでしょうね。これからもお仕事頑張ってください」

「はぁ……」

残念ながら異種校研修で小学校から中学校に来た若い女性の先生にはこの秀作がまったく通じなかった。


【嘔吐下痢】


生徒が廊下で突然吐いた。

「嘔吐下痢じゃぁないよな……」

「違うと思うよ。ただむせただけだと思う……」

「嘔吐下痢の時の汚物処理は、手袋とマスクをつけるだったよな……」

「素手で処理すると、移る可能性があるからね……」

帰宅して妻にこのことを報告した。

「あたしっちの学校じゃぁ子どもが吐いたときはキッチンハイターを薄めた液を使って処理するだよ。ハイターには殺菌作用があるからね」

「そうか、〝吐いた〟ときには〝ハイター〟か。覚えやすいな……」

【新チーム】

昼休みに男バス部の新キャプテンが、監督のところに来た。生徒の手には新チーム紹介コメントが握られていた。新キャプテンが書いたそれを読むと「はげます」が平仮名で書かれていた。

「励ますくらいは、漢字で書けよ～」

「えっ？　どんな字でしたっけ？　僕知りません……」

「こうやって書くだよ」

と男バス顧問は、紙に書いて①を見せた。

「がんばれの中は方じゃなくて万だぞ」

「そうだよ、点が取れる。だから新チームは点が取れるチームになるんだ！」

「うま〜い、流石名監督だ！」

【登下校】

「今朝は冷えたっけね。どうやって登校したの？」
「親に車で送ってもらいました」
「帰りはどうやって帰るの？　どれくらい時間がかかるの？」
「くるまで二十分ほどかかります」
「その答じゃぁ、〝来るまで〟なのか〝車で〟なのかわからんじゃん」

【ガソリンスタンド】

「どこでガソリンスタンドやってきただ？」
「はぁ〜ん、意味が分かりま千円？」
「どこで油を売ってきたかって聞いてるだよ」

【なぞなぞ】

「寿司屋の親父が好きなスポーツはな〜んだ？」

「〝テニス〟（手に酢）」

【定期テスト】

社会科の定期テストに、

「北海道から五百台、九州から五百台のトラックが出発しました。トラックはどこで出会うでしょうか？　漢字で書きなさい」

という問題を出した同僚がいた。［答　仙台（千台）］

【どう読む？】

〝話〟という字に点が付いていますが、なんと読むでしょうか？

［答　てん（点）で話にならない］

【お酢】

「切った竹をお酢に漬けると長持ちするんですか？　知らなかったなぁ〜」

「竹って女の人だったんですねぇ……」

「なんで？」

「だって〝お酢〟（雄）があると元気になるんでしょう?」

【掃除】

いつもと違って今日は昼清掃だった。給食が終わり、「さぁ今から三組の辺の比がすべて等しい。または、二組の辺の比が等しく、その間の角が等しい。あるいは二組の角がそれぞれ等しいだぞ。しっかりやろう」と生徒たちに言った。もちろん三角形の相似（掃除）条件を言っての指示だ。微笑んだ生徒は、数学が得意だった。

【動物園】

「背中の模様は、〝あざらし〟（アザラシ）いぞ」
「その鶴は同じ動作を繰り返すだよ。だから〝丹頂〟（単調）鶴って言うんだ」

【儚《はか な》さ】

「自殺する人はなんで靴を脱ぐのでしょうか?」
「几帳面な人だったから?」「水虫だった」「靴が小さかった」

「いいえ、皆さん間違っています。〝僂〟（履かな）い人生だったからです……」

「ほぉ……、先生にしては、珍しくいい作品じゃないですか～」

【峰不二子】

生徒指導主事が
「一学期の終業式のとき、峰不二子の話をします」

と言った。

「はぁ～ん、どういうこと？」

夏休み生活上の注意事項である〝峰不二子〟とは、Ⓜ水の事故。Ⓝネット使用。Ⓕ不審者対応。Ⓙ時間の使い方。Ⓒ事故注意だった。

〝峰不二子〟には、夏休みの生活上の注意事項が網羅されていた。

【暗証番号】

「銀行行ってお金下ろそうと思って、暗証番号を三回入力したけど、三回とも違ってて、お金下ろせなくなっちゃったことがあるわよ……」

事務主幹に詳細聞くと、その口座は息子さん名義だった。当時主幹は、絶対忘れるはずがないと確信し、息子さんの誕生体重を暗証番号にした。だが年月が経ち、絶対の絶対に忘れるはずがないと確信していた愛息子の誕生体重を忘れ、思い当たる体重を三回やったが違っていたというのである。

無効になった暗証番号はもう使えない。新しい暗証番号は、名義者本人の息子さんしかできない。事務主幹は、立派な社会人になった息子さんにすべてを話し、銀行に行ってもらって新たな暗証番号を登録したという。

今項は、事務主幹が〝暗証〟番号を忘れ、〝暗礁〟に乗り上げた話だった。

【九州】

バドミントンの授業が終わった。技術が上達した生徒がたくさんいた。

「君らは四国がいいな~、違った、吸収（九州）がいいな！」

三十二人中たった一人だけが、かすかに微笑んでくれた。

【役】

プロレスが大好きな同僚に教えてもらった。

「プロレスじゃあ、俺みたいないい者役をベビーフェイス（Babyface）。先生みたいな悪役をヒール（Heel）って言うだよ」

「へぇ、それじゃぁ超悪役は、〝ハイヒール〟って言うのか？」

【要請葉書】

分会会議で要請葉書を書くよう要請された。隣席で葉書を書いてた同僚は過去に海外青年協力隊のメンバーになってトンガに渡り、国際貢献をしたことがある素敵な女性だった。

「今書いてるのは、先生の葉書ですね」

「はい……?」

「だってこれは、〝妖精〟（要請）葉書でしょう～」

「あらまぁ……、お上手ですこと……」

【作曲家】

音楽室に有名作曲家の絵が掲げられていた。

「ヘンデルだ！」

「バッハだ！」

「二人合わせて、〝屁ん出るバッハ〟だぁ～。ガハハハ～」

【食育講座】

栄養士さんを講師にお招きして食育講座を開いた。

①四十歳を過ぎてから脂肪を摂取することは、貯金するようなものです。
②好きな食べ物が多くないと、人生つまらないですよ。
③嫌いと言わず、苦手と言いましょう。
④ダイエットとは痩せることじゃなくて、適正な食事量を摂ることです。
⑤中学生にもなったら、健康管理は自己責任です。
⑥朝食では炭水化物（お米など）を食べるのが大切です。
食育講座が終わった。
「今日のお話を聞いて大豆を食べるのがとってもだいずだということや、大豆をまめに摂るようにしたほうがいいということがわかりましたね！」

【県名勝負】

「山があっても山梨（山無し）県。滑って転んで大分（おお痛）県」
「教え上手な高知（コーチ）県。ズドンと一発鳥取県。島があっても島根～県」

【別腹】

「悔しいなぁ～。聞いてくださいよ！」
「どうした？」
その心は……

「さっき教頭先生から、『今日は給食食べてから出張ですか？』って聞かれたもんですから、『給食いただいてから出張させていただきます』って答えたんです。そしたら教頭先生が、『何人前用意しますか？』って聞いてきたので、『今のはパワハラ発言じゃないですか？』って返したら、『違うよ、〝別腹発言〟じゃん』てうまいこと返されました。あ〜、悔しい〜」

【失言1】

言うべきではないことをうっかり言ってしまい、反省した同僚が、

「さっきは釧路に大きいのがあって、ヨシ・ワタスゲ・ハンノキ・ヤチボウズなどが群生していますを言ってしまって悪かった。今のわかる？」

「……？　……？　……」

「〝湿原〟（失言）じゃん。さっきの失言を謝ったんだよ。どう、うまいら？」

【クイズ2】

事務室の衆は、クイズで気分転換を図っていた。

「先生、今日帰る時ちょっと事務室寄ってね」

言われた通り帰り際に事務室に寄ると、

「第一問です。二・九九九九九……は、何の職業でしょうか？」

「もうすぐ三じゃんな……。十の三分の一なら……。……降参です」

「答は○○です」

「ガハハハ〜！　な〜るほど〜、素晴らしい〜！　いい問題だなぁ」

「第二問です。甘い物が苦手なおじさんが好きな〝ぱい〟ってな〜んだ？」

「おっぱい……」

「アハハハハ〜、俺と同じ答を言った〜」

「違います。おっぱいではありません」

「えっ、違う？　主幹が出す問題っていつも下ネタじゃんか」

「答は△△です」

「なるほど……、確かに好きな衆が多いな」

「最終問題です。ジェイソン・ボーヒーズ、吸血鬼ドラキュラ、透明人間の三人の中で、仕事をしていないのは誰でしょう〜か？」

「ジェイソンって奴は、チェンソーもって暴れる奴だら？　あいつは多分チェンソーで木でも切ってたはずだ。ドラキュラは首のとこ噛みついて血を吸うからなぁ……。血を吸うのが仕事なら、きっとどこかで仕事してるな。透明人間は目に見えないか……。目に見えないから仕事しているかしてないか解らないじゃんな……。降参です」

「答は◇◇です」

「お〜、なるほど〜。素晴らしい〜、これまたいい問題だねぇ〜」

［答　第一問　ほぼ三だから保母さん。第二問　乾杯。最終問題　透明人間（無職・無色）。

嗚呼……勘違い

【問題】

二年二学期末テストの四時間目は英語だった。テストが始まってしばらくすると、問題作成者が質問を受けに教室を回ってきた。

「なにか質問ありますか～？」

女生徒の手が上がった。

「はいはい、ちょっと待ってね～。今行きますからね～」

「先生、この問題は記号で答えるんですか？」

「そうですよ。記号で答えてください…………」

「記号でいいんですよね？」

「そうですよ。ちゃんと書いてありますからしっかり問題読んでね…………」

質問した生徒は、しっかり問題を読んでいた。その問題は、

「言葉の意味を、下のア～エから答えなさい」

と書くべきところを、

「言葉の意味を、下のア～エから答えないい」

と書かれていたのだ。テスト問題に問題があった。

【大仏】

勤務時間を終え、職員室に戻ってきた英語科の同僚が、

「今日は大仏でしたよ……」

と力なく言った。今日は〝大仏〟？　隣席で仕事していた国語科の同僚の仕事の手が止まった。大仏の意味がわからなかった彼は、今日の彼女に何があったかを尋ねた。

「そうか……、今日はあんまりいいことがなかったってことだな。だったら、〝大仏〟じゃなくて、〝仏滅〟って言うだよ」

【神対応】

インスタントコーヒーを淹れた同僚が、

「ねぇ、ねぇ……、クリープちょうだい……」

「はいよ～、これ使って……」

「ありがとう～」

「あ～、やっぱりクリープ入れると美味しくなるなぁ～」

なんの変哲もないやり取りだが、コーヒーに入れたのはクリープではなく〝クリップ〟だった。

【窮屈】

学年職員旅行で韓国に行ってきた。

「楽しかったわねぇ〜」「楽しかったねぇ〜」

「このメンバーでまた行けるといいなぁ」

飛行機を降り、荷物を受け取ってロビーに集まると、顔をしかめた同僚が、

「気圧の関係で足がむくんじゃった。靴が窮屈になっちゃって足が痛いわ」

「もしかしたら、靴左右反対に履いてない？」

「あ〜本当だぁ〜、これじゃぁ足が痛いわけですね〜。アハハハ〜」

【ライフプラン】

定年退職間近になった私は、ライフプラン講習会に参加した。その講習会では現役のお医者様から健康維持についての講話があった。

「あのですね、ひどい便秘で苦しんでる方が来院したんですよ。その患者さんに便秘によく効くイチジク浣腸をふたつ渡して、これを入れれば治りますよ。もしそれでも良くならなかったらまた来てくださいって伝えたんです。数日後にその患者さんがまた病院に来たんです。患者さんが、先日いただいたイチジク浣腸入れても良くならないからもう一度診てほしいって言うんですよ。前回渡したイチジク浣腸が効かなかったんじゃぁよっぽどだ。もしかしたらほかの

病気かもしれないと思って、レントゲン撮ってみたんですよ。これがその患者さんのレントゲン写真です。ここ見てください。ここんところにイチジク浣腸の容器がふたつ写ってるのがわかりますか？　その患者さん、イチジク浣腸を容器ごと肛門から入れたんですよ。治るはずありませんよね～！　それにしても、よく入りましたね～。ブワハハハ～！」

【健康診断】

教職員健康診断があった。

「おはようございます。今日はよろしくお願いしま～す」

「おはようございます。こちらこそよろしくお願いします。お持ちいただいた検体をその袋の中に入れ、お掛けになってお待ちください」

彼女は、検体袋に携帯電話を入れて椅子に腰かけた。

【けんたい】

「健康診断に行って、検体出せって言われて携帯出したことない？」

「けんたいっていうと、亡くなったときに出すやつですよね……」

「そりゃ〝献体〟だぁ～」

【お見舞い】

学校現場を離れ県教委に配属され、発掘の仕事に就いた社会科の同僚がいた。街中で発掘作業をやるときは、騒音や煤塵などで周辺住民に迷惑をかけないよう、万全の準備をして仕事を始めた。そのときの発掘調査では、三百万円もの県費をかけて防音壁を作り、作業を始めた。

作業を始めて数日後、現場に来た近隣住民の奥様が、

「防音壁ができてから我が家に日が当たらなくなっちゃいましたの。そのせいで宅の太郎ちゃんが元気がなくなって、今にも死んじゃいそうなんです。なんとかしてくださいませんか?」

そりゃ大変だ。訴えを聞いた同僚は、大急ぎで防音壁を透明樹脂に取り替えた。取り換え工事が済んだ同僚は菓子折持って太郎ちゃんの家に向かった。

「ごめんくださ〜い……」

「はいはい、お待たせいたしました〜。あ〜、こんにちは。先日はどうも……」

「先日は貴重なご指摘をいただきありがとうございました。お話を伺い、防音壁を透明素材に取り換えましたが、太郎ちゃんの具合はいかがですか?」

「素早い対応をしていただき、本当にありがとうございました。おかげさまで、太郎ちゃんはすっかり元気になりましたわ。お時間が許すようでしたら、太郎ちゃんに会っていただけませんか?」

「わかりました。太郎ちゃんのお体に障るといけないので、ちょっとだけ会わせていただきます……」

「それじゃぁこちらにどうぞ〜」

裏庭に通された同僚は、尻尾を大きく振り、元気に走り回る太郎ちゃんに面会したという。

【入学式】

あと数分で入学式が始まる。ピカピカの制服に身を包んだ新入生が控える卓球場では、身だしなみに関する最後の注意が伝えられた。

「新入生の皆さん、もうすぐ入学式が始まります。胸ホックをきちんと締めてください！」

「えっ、胸ホック？」「胸ホックってなに？」「胸にホックなんかないじゃん！」

胸ホックと聞いて動揺する新入生たちを見た別の同僚が、

「皆さん聞いてくださ〜い！　今言ったのは、胸ホックじゃなくて襟です。襟のホックのことです。女子生徒は関係ありません。男子生徒は制服の首のところにある、詰襟のホックを閉めてくださ〜い！」

【良心】

何者かが公共物を破壊した。心を痛めた生徒指導主事が、校内放送を使って全校生徒に呼びかけた。事件の詳細を伝えた生徒指導主事が、

「君たちにも良心があるはずだ。今回のことで何らかの情報を持っている生徒がいたら、素直

に申し出てほしい」

「〝りょうしん〟て、お父さんとお母さんのことでしょ？　大丈夫よ。あたし両方ともいる」

【化粧】

「先生のお化粧、ぜ〜んぜん濃かぁないよ」

「悪かったわねぇ〜、〝効果〟なくて……」

【仲居さん】

泊を伴う職員旅行があった。その日の夕食は大広間で、一杯飲みながら美味しい料理をいただいた。

「仲居さ〜ん、ビールちょうだ〜い！」

「仲居さ〜ん、お銚子を二〜三本くださ〜い！」

「仲居さ〜ん、ごはん大盛でお願いしま〜す！」

右隣に座ってた後輩が私の右腕を左肘でツンツンしながら、

「先輩たち隅に置けないですねぇ〜、いつの間にあの人の名前を聞きだしたんですか？」

「あのな……、ああいう仕事をしてくれる人のことを〝仲居〟さんって言うだよ」

【節目】

中学三年三学期。今日から義務教育の最終学期が始まる。

「みんな、新年おめでとう！　先生は初詣に行ってみんなにとって今年がいい年になりますようにって祈った。いいか、君らにとって今学期は最重要な学期だ。一ヶ月後は高校受験がある。今学期が君たちの人生にとって大きな節目になることは間違いない。悔いがないように頑張れ！　目標達成に向かって努力を惜しむな。解ったな～」

「プッ……」「フフフッ……」「あはは……」

生徒たちから失笑が漏れた。

「は～ん……、お前ら俺がまじめな話してるのに、なに笑ってるだ～！」

「先生～、〝せつめ〟じゃなくて〝ふしめ〟（節目）でしょう？」

【愛と恋1】

「愛と恋の違いは何でしたっけ？」

「愛には真心があるけど、恋には下心がある」

「なるほどねぇ～。うまいこと言いますねぇ～」

「愛と恋の下に、人という字をつけるとさらにわかりやすくなるよ……」

「そうか……、愛人と変人かぁ」

「〝変人〟じゃないよ。〝恋人〟じゃん」

【出張】

事務主幹が出張に出た。会議会場に入った事務主幹は席に座って室内を見回した。すると会議資料を配っていた若くお美しい女性のうるんだ目と目が合った。資料を配りながら主幹に近づいてきたその女性は、なにか言いたそうな顔でほんのり頬を染めた。明らかに主幹を意識しての、恥ずかし気な表情だった。

「あの子、俺を見て赤くなってる。もしかしたら昔どこかで会った子かもしれない。くっそぅ～、思い出せないなぁ……」

主幹の横に立った女性は身を屈め、主幹の耳に顔を近づけ、

「あのぅ……」

「はい、は～い！　なんでしょう～」

「ズボンのお尻が破れていて、下着が見えてますよ……」

恐る恐る右手で尻を触って確認すると、その女性が言った通り、ズボンの尻に大きな穴が開いていた。

【賽《さい》】


今日と明日は公立高校受験日だ。朝から落ち着かない三年部の同僚が、

「みんな大丈夫かなぁ。落ち着いてやってるかしら。忘れ物なかったでしょうねぇ。受験票持って行ったかしら……」

と、まるで母親のように生徒のことを心配していた。すると、

「賽（さい）は投げられたよ！」

と言った同僚がいた。

「賽は投げられたか。確かにそうですよね。でも、〝匙〟を投げられたらどうしましょう…」

同僚の心配は尽きることがなかった。


【胡麻】


妻とラーメンを食べに行った。私が注文した和風ラーメンが運ばれてきた。胡麻を振ったら一層おいしくいただけそうだ。私は妻に、

「胡麻貸して……」

と言った。すると妻は、

「う～ん、四十キロくらいかなぁ～」

と、体重を〝誤魔化し〟た。

【淡泊】

サッカー部は新人戦を戦っていた。交代選手を近くに呼び寄せた監督が、

「代わって入ったら、淡泊に動くなよ。ええな、わかったな！」

「先生、淡泊ってどういう意味ですか？」

「あのな、淡泊って言うのはだなぁ～。え～っと……、え～っと……」

「粘り強く動けってことですか？」

「そうだ、それだ！　粘り強くだ！　粘り強く動くんだぞ！　分かったな～」

【バンド】

本校野球部が出場する県大会の組合せが決まった。初戦の相手は優勝候補の強豪校だ。組み合わせを見た吹奏楽部顧問が、

「こりゃあバンドの勝負だな」

「先生は音楽だけじゃなく野球にも詳しいんですね。相手チームには好投手がいるんです。先生がおっしゃるようにバントのできが勝敗を分けることになるかもしれません」

「俺が言ったのは、バント（bunt）じゃなくてバンド（band）だよ……」

【台風一過】

大型台風が日本列島を横断し、各地に大きな被害をもたらした。だが翌日になると昨日の荒天が嘘のように透き通るような青空が顔を見せた。まさに台風一過だった。

「あたし小さい頃、〝台風一過〟って聞いて、へぇ～、台風にもお父さんやお母さんがいるんだ～、今度来るのはお兄さん台風がいいなぁ～、な～んて思った時期がありましたよ」

【就活】

「俺は携帯に、終活のアプリを入れたよ……」

「今は家でもかなりできるらしいね……」

「そうか……。そりゃ家でもやれることはあるだろうな……」

「家にいて、リモートでやってる人もいるだってよ……」

「終活をリモートでか……。便利な時代になったなぁ……」

「お金になればさらにいいね……」

「あんまり金にはならないら……」

そのとき私は〝終活〟を……、妻は〝就活〟の話をしていた。

【筋膜《きんまく》剥離】

「この頃右の肘が痛いだよなぁ……」

と言いふらしていた同僚が、病院へ行った。翌日、診断結果を聞くと、

「筋膜剥離だっきゃぁ～」

と言った。〝筋膜剥離〟？ それは聞きなれない病名だった。

「はぁ～ん……、筋膜剥離……。なにそれ……？」

「そんな病名聞いたことないなぁ……」

「病院行ったたっての嘘だら？」

「適当な病名言ってるんじゃないの？ アハハハ～」

「だいたい肘が痛いって言ってるのが信じられない……」

「どうせ仮病でしょうよ。オホホホホ～」

「嘘じゃぁあらすか！ そんなに言うならインターネットで調べてやらぁ～」

疑惑の肘痛同僚がインターネットで筋膜剥離を検索した。パソコン画面を覗くと、

昨日跛行《はこう》がひどく、獣医さんに見てもらったら筋膜剥離とのことでした。

「これって……、馬術部の話じゃん……。馬の話でしょう？ オホホホホ～」

「な～るほど。昨日行ったのは獣医だったか～。ガハハハ～」

「ガハハハ～、人間の病院行ったたっけじゃぁないっけだな～」

「へぇ～、かかりつけの医者ってのは、獣医だっただぁ～、笑えるぅ～」

「お腹が痛くなっちゃうから、これ以上笑わせないで～！　オホホホホ～」


【獺《かわうそ》】


職員更衣室に、安っぽい手提げ鞄があった。

「この鞄は革ですか？」

「あたりまえだ」

「本当に？」

「嘘でしたぁ～」

「〝革嘘〟（獺）だな」


【風上】


「もっともっと働かねば～。よっしゃぁ、今から午後の授業を二時間連続でやってくるぞ～」

「先輩、気合入ってるなぁ～、俺たちも見習わなくちゃいけないな」

「さすが先輩～、〝風上にもおけません〟よ～」

「それじゃぁだめじゃん……」

【分葱《わけぎ》】

「皆さ〜ん、もし良かったら分葱をお持ち帰りくださ〜い」
「そんなもんもらってどうするだ〜？　ガハハハ〜」
「脇毛じゃぁないよ、〝わけぎ〟（分葱）だよ」

【ドライブスルー1】

私はマックのドライブスルーに入り、マイクに向かって「モスバーガーください」と言った人を見たことがある。

【採点】

三年部の職員は、県下一斉テストの採点をやっていた。英語を担当していた同僚が、
「なんだこの答？　プッ……。笑えるぅ〜ガハハ〜！　お〜いみんな聞いて、聞いて〜、問3の答だけどさぁ、ミケって書いた奴がいるだよ。猫じゃぁあるまいし、ミケだってよ〜。笑えるら〜？　ガハハハ〜」
「あのね、それ三毛じゃぁなくて〝マイク〟（MIKE）なの。マイクっていう人の名前だから、それでいいのよ……」

【女将】

修学旅行で生徒が宿泊するホテルの下見に行った同僚が、

フロントにいないときにはお呼びください　女将

と書かれた紙を見て、

「にょしょう〜、にょしょう、にょしょうはいらっしゃいますか？」

と、叫んだ。

【健康】

職員会議で養教が、

「六〜七月の保健指導は、８０２０達成者の講師をお招きして〝屁〟の健康について考えることにします」

「……屁……？　……屁の健康……？　……。今、屁の健康って言ったよな？　ブワハハ〜」

「言った！　言った！　確かに屁の健康って言った！　ワハハハ〜」

「ガッハハハハーッ！　きょ……、教職三十年〜、屁の健康ってのを初めて聞いたぁ〜ガハハハ〜」

「俺の屁は酸っぱい匂いがするだけぇが……不健康か～？　ハハハ～」

「臭い屁と臭くない屁はどっちが健康だぇ～？　アハハハ～」

「音が出る方がいいのか？　プ……、プッ……、プゥワハハハ～」

「すかしっ屁は健康か～？　フワッホハハハ～ッ！」

「粘りはどうだ？　湿気はある方がいいのか？　ガハハハハ～ッ！」

「あ～っ、笑い過ぎて気持ち悪くなっちゃった。どうしてくれるだ～」

【若干名】

職員室の教育黒板に訃報が貼られた。

「訃報を〝とほう〟って読んだ奴がいて、トホホ……だっけよ。ガハハ～」

「採用若干名って書いてあるチラシを見た奴が、景気の良い会社だなぁ。若い衆を千人も雇うのか？　って言って大笑いしたことがあったよ」

「紙一重を、〝かみいちじゅう〟って読んだ医学部の先輩がいてさぁ。頭が良い先輩だったから指摘できなかったっけ……」

「俺は、〝いだちまき〟（伊達巻き）くださいって言った人知ってるぞ」

「一朝一夕を、〝いっちょういちゆう〟って読んだ奴がいた」

「特活の研究発表の事後研のとき授業者が、この資料をどこで〝にゅうて〟（入手）したかと言いますと……って、質問に答えたことがあった」

「繋がらない携帯電話を見ながら、ここは〝えんがい〟（圏外）だって言った人も知ってる」

「職員会議で明朝体を〝みょうちょうたい〟って言って大笑いされた奴がいた」

「バナナワニ園のことを、〝ワナナバニ園〟と言った人もいましたよ」

【禁句】

「でも、だって、どうせを禁句3Dって言うだよ。この三つの言葉はできるだけ使わないほうがいい。なぜかっていうと、後に続く言葉が良い内容にならないんだよね……」

「えっ？　最初のなんでしたっけか？」

「でも……」

「あ～良かった。あたしデブかと思いましたっけ……」

【防災訓練】

九月一日は防災の日だ。生徒は九時から始まる地区の防災訓練に参加し、午後から登校する。教員は平常通りに出勤し、担当地区の防災訓練に行って生徒の活動状況を見てから学校に戻り、管理職に報告することになっていた。

午前十時二十八分。防災訓練から帰校した同僚が、

「教頭先生、私、〇〇地区の放火訓練に参加して戻って参りました！」

「はぁ～ん、〝放火訓練〟？？　プッ……」

「間違えました。〝防災訓練〟でした～」

【説教】

父は勉強をやらない子どもたちに説教を始めた。

「お前たち、そこに正座しなさい。おまえたちは最近遊んでばかりでぜんぜん勉強しない。完全にたるんでる。お父さんはな、おまえたちには、将来フランケンシュタインのような立派な人になってほしいと思ってる。しっかり勉強しろ。解ったかぁ～」

「あっ、お前たち今笑ったな？　お父さんが真剣に話をしているのに何が可笑しいんだ？　お前たちのそういうところがダメなんだよ～」

「お父さん、〝フランケンシュタイン〟じゃなくて〝アインシュタイン〟でしょ？」

【学校だより】

夏季休業前、全戸配布するため千部近く印刷した「学校便り」に、

「夏休みは絶対非行を起こさせない。万引き、恐喝、喫煙、無免許運転、自転車窃盗など、親子で触れあう機会にもなります」

と書かれていたので即廃棄になり、資源ごみ箱に葬り去られた。

【ムンク】


「先生、今日の授業はなんのＤＶＤを見るんですか～？」

「ムンクの叫びを鑑賞する」

「みんな～、今日の授業はムックの叫びを鑑賞するんだってよ～」

「やったぁ～」「イエ～イ！」

「〝ムック〟じゃな～い。〝ムンク〟だ。ムンクの叫びだぁ～」

「ムンクの作品は、オスロ国立美術館にも展示してあります」

「へぇ～、オセロにあるだぁ？」

「〝オセロ〟じゃな～い。〝オスロ〟だ。オスロの国立美術館にあるだぁ～」


【肋木】

新米同僚が、

「先生～、この〝すけぼく〟ちゅうのはなんですか？」

「〝すけぼく〟じゃぁない、ろくぼく（肋木）だ～」

【読唇術】

「読唇術で聞いてください」

「無理だ、俺は去年結婚した」

【居住区】

四月始め。異動してきた教職員に聞き取り調査があった。

「先生の〝いじゅうく〟はどこですか？」

「〝いじゅうく〟じゃなくて〝きょじゅうく〟（居住区）じゃないの？」

【長幼序あり】

「長幼序ありっていう言葉があるが、知ってるか？　この紙に書いてみて……」

「ちょうようじょあり」

「これでいいですか？」

「ひらがなじゃない。漢字だ、漢字で書いてみろ！」

「はいはい、わかりましたよ……」

超用女有

「なにが〝超用女有〟だ？　おもしろいけど、ぜんぜん違う。情けないにもほどがあるぞ。あのな、この言葉は、今の君に特に必要な言葉だ。耳の穴かっぽじって良～く聞いて覚えろ。長幼之序、あるいは長幼序有りっていう言葉はな、年長者と年少者との間にある社会的、道徳的な序列や秩序のことを言う言葉だ。簡単に言うと、先輩を敬い、先輩に優しく、先輩を大切にしなさいという意味だ。たった今、この場から実践しろ。わかったな！」
「はい、はい、はい……」
「あのな……、さっきもそうだったが、はいは一回でいい！」

【ダンス】

「お～い、みんな～、昼休みに貧乏ダンスやるか～」
「〝リンボーダンス〟だろ？」

【力だまし】

「冬休みの課題一覧表」を印刷して生徒に分けた。

「ごめんね～、間違いがあったけど印刷しちゃったからこれで許して～」

二年生数学　連立方程式 数と式の力だまし

「ガハハハハ～、これ読んで力をだまして宿題やってくる生徒がいるかもしれませんね～」

〝め〟を〝ま〟と書いた間違いだったが、〝めま違〟（眩暈）がした。

【抽選会】

中体連野球大会の抽選会が行われた。

「各校の監督さんは前に出て、箱の中のくじを引いてください」

K中監督は箱の中から一片の紙をつまみ上げて広げ、競技役員に、

「K中、4です！」

「4……？　おかしいなぁ。その紙ちょっと見せてください。先生～、これは4じゃなくてカタカナの〝カ〟ですよ！」

中体連大会は、「アイウエオカキク」の八ブロックに分かれて試合をする。そこに4はない。

監督は、〝カ〟を上下逆に見て、〝4〟と言った。プッ……。

【ドライブスルー2】

「マクドナルドに行ったら店内がもの凄く混んでたもんで、自転車でドライブスルーに入りました。どうなったと思います？」

「ドライブ（drive）って言ったら自動車を運転することだから自転車じゃダメなんじゃないの？」

「ピンポ〜ン！　店員さんにだめって言われました」

【ガラケー】

「ガラケーってどういう意味なの？」

「ガラは、ガラパゴス諸島のことで、ケーは携帯の携ですね。ガラパゴス諸島の動物って特別な進化を遂げたでしょう？」

「イグアナみたいに？」

「そうです。ガラケーは日本で特異で独特な進化を遂げた携帯だから、ガラケーになったんです」

「そうか、ガラパゴスのような携帯が略されてガラケーになったんだ」

「そうです、その通りです！」

「教えてくれてありがとう〜」

「先生、なぜガラケーって言うのか、ご存じですか？」

ついさっき教えてもらったばかりの理由を家庭科の同僚に伝えると、

「え〜っ、そういう意味なの？　ガラケーって携帯の柄のことじゃないんだ。あたし今の話を聞くまで、虎柄とかヒョウ柄とか、柄のある携帯のことだと思ってたわ」

【花を持たす】

「最近の生徒に〝花を持たせろ〟って言っても解らないんですね。どこに花あるんですか？　それとも今から買ってくるんですか？　なんて言うんですよ……」

【試行錯誤】

体育大会後の生徒感想に、

「僕が心に残っているのは長縄です。僕たちのクラスは最初なかなか記録が伸びませんでしたが、みんなで〝思考錯誤〟しながら練習を続けたら、少しずつ記録が伸びていきました」

と、書かれていた。

「どうしようかなぁ……、直した方がいいのかなぁ……」

学級担任は、〝思考錯誤〟を〝試行錯誤〟と書き直すのを躊躇っていた。

【かしわ餅】

給食にかしわ餅が出た。昼放送で今日の給食を説明する男子放送委員が、かしわ餅を〝かわし餅〟と何度も言った。昼休みに職員室に戻ると自席机上に左のようなメモが貼ってあった。

> 今日の昼放送で何度も「かわし餅」と言ったのは、サッカー部の○○君です。彼は試合でいつも相手をかわしているので、つい「かわし餅」と言ってしまったようです。　校長

【一品運動】

「これ見てくださいよ～」

職員室の家庭科同僚の机上に山積みされた食料品があった。

「凄い量だな～。今日調理実習があるんじゃないの？」

「そうじゃぁないっすよ。ひとり一品運動かなんかで個人的に注文した物みたいですよ……」

「えっ、調理実習用の食料じゃあないだ？　これ全部個人で頼んだってか？」

机上に乗っていた食料品を確認すると、①少々きず焼き海苔七枚入り×五パック×三袋＝一〇五枚。②牧場のドーナツ二〇個入。③かりんとう八〇グラム×八袋。④朝食ソフトケーキ二〇個入り（段ボール入り）。⑤さくさくじゃがバター四枚×八袋×二箱＝六四袋だった。

「わぉ、なんだこりゃ。あたしこんなに注文したっけか……？」

【縁故】

生徒の進路を決める三者面談を終え、職員室に戻ってきた同僚が、

「○○君は就職になるかもしれません……」

「そうか、だが最近は中卒での就職はむずかしいぞ。募集がないから縁故でないと無理かもしれないな……」

「援交ですか？」

「〝援交〟じゃなくて〝縁故〟。親戚かなんかで雇ってくれる職場が無ければ難しいってことだよ」

「あ〜良かった。あたし、〝援交〟って言うからビックリしちゃったわよ……」

【当選】

市議会選挙が終わった。

「Yさん当選しましたね」

「その人、土建かなんかやってる人でしょう？」

「え〜、〝ど喧嘩〟やった人なんですか？」

【間違い】

「去年の暮れに服をまとめて、クリーニングに出したんですよ。受け取りに行ってレシート見たら一万円超えてたんです。クリーニング代って高いなぁて思って内訳見たら、奥さんのフワフワ襟巻がいちばん高くて、二千円くらいしてました。もったいないですよね。服を受けとって家に帰ったんですが、あんまり高いもんですから、何かの間違いじゃないかって思ってもう一度レシートをじっくり見直したんです。そしたらやっぱり間違ってたんです。僕の名前が、〝ウミガメ〟になってました」

【初耳】

「お父さん、初音ミクって知ってる?」

「初音ミク? 知らないなぁ。アイドルかなんかか?」

「あたしも知らなかったんだけどね、こないだあたしのところに来た子どもが、『初音ミクって知ってますか?』って聞いてきただよ。あたしが『知らないよ、初耳だねぇ』って言ったら、『初耳じゃなくて初音ミクです』ってその子が怒ったように言ったもんで、あたしゃぁ忘れられないだよ」

【当たり】

「家《うち》のが自販でジュース買っただよ。俺は車ん中にいて見てただけんね。一本目を買ったら、当たりランプが点いた。家の奴、喜んじゃって大ジャンプ。二本目買ったらまた当たりランプが点いた。家んのまたまた喜んで二度目の大ジャンプ。三回目。またランプが点いた。それでよ～うやく気がついた。ちょろいよなぁ～って思って笑えたっけよ。ガハハハハ～」

「俺も同じことやったことある。奥さん自販に千円札かなんか入れたっけじゃない？」

「家んのは五百円硬貨を入れたっけだよ」

「俺は千円。千円入れて缶コーヒー買ったときは、連続当たりだと思って喜んじゃったっけなぁ～」

【除湿器】

梅雨入りして雨が降り続いた。高級グランドピアノが湿気を受けないようにピアノ周辺に複数の除湿器を置いて二十四時間連続で稼働させることにした。

「良いなぁ～。デヘヘヘ～」

「良いですよねぇ～」

「羨ましいよなぁ～デヘヘヘ」

「たまりませんよねぇ～」

彼らの頭の中は、〝二十四時間女子付き〟になっていた。

【腹痛1】

「もしもし、おはようございます」
「おはようございます。二年二組の○○の母ですが、いつもお世話になっています。○○が、昨日から腹痛が続いてまして、今朝になっても痛みが引かないようですので、今日はお休みさせていただきます……」
「そうですか、わかりました。お大事にして下さい……」

○○ はらいたで欠席

「先生、欠席連絡の付箋紙に、〝はらいた〟って書いてくれたでしょう？　私あれ見て出欠黒板に、〝はらたいら〟って書いちゃいましたっけ。オホホ～」

【能ある鷹】

「先輩～、能ある鷹は爪を隠さずっていう言葉があるじゃないですか。意味を教えて下さい……」

「そんな言葉はない。能ある鷹は爪を隠すなら知ってる」

【保護者会】

授業参観の後、修学旅行に関する保護者説明会を開いた。会の中で担当同僚が、

「修学旅行の実施（じっち）計画書をご覧ください。出発日は、二十七日（にじゅうななのか）です」

などと説明し、保護者から大爆笑を得た。

「あんなに受けて。羨ましいなぁ……」

説明会を終えて職員室に戻ると、こんなメモが机に貼ってあった。

> 説明会お疲れさまでした。彼を弁護する訳じゃぁないんですけどね……。
> ビジネスの世界では、〝いち〟と〝しち〟とを間違えないようにわざと〝なな〟とか
> 〝なのか〟って言うんですよ。
> 彼は商業高校出身でしょう？　きっとビジネスを学んだ関係で、わざと「にじゅうなの
> か（二十七日）」って言ったんだと思いますよ。
> どうですか～、この職員思いの発言は～、アハハハ～　校長

【曰く】

校長が〝曰《いわ》く〟と書くべきところを、〝臼《うす》く〟と書いた文書を印刷して職員に配った。

【視力検査】

「昨日おもしろいことがあったんですよ〜。涙流して笑っちゃいました」

「なにがあったの？」

「〇〇先生が健康診断で視力検査をやったんですよ。視力検査って普通Cみたいな字があって、右とか上とか、どっちに開いてるかを答えますよね。ところが〇〇先生は、どういう訳か3とか9とか12とか、数字を言ったんですよ」

「視力検査で数字を答えた？？？？」

「そうです。信じられないでしょう？」

「信じられないというか……、ぜんぜん意味が解らない……」

「ですよね。三度目言ったら、係の人が頭にきたみたいで、『数字じゃなくて開いてる方向を言ってください！』って言ったんですよ。アハハハハハ〜。どういうことかというと、視力検査機を覗いたら、一般的な視力検査表の左横に、時計のような検査表もあったんですがね、その検査表は時計みたいに円の中心から12の方向に1から12の数字が書かれてたんです。〇〇先生はその表を見ながら右は3。下は6。左は9で、上は12ってCが開いている方向の数字を答えたんですって。あ～おもしろい！」

【問４】

第二回学力テストの一時間目。三年生は社会科だった。四組でテスト監督をしているとテスト作成者が教室に入ってきた。

「何か質問はありますか？　訂正があるので、問４を見てください」

テスト作成者は問４の〝労働者〟を〝労働社〟と誤植していた。

「ブッブワハハハ～、なんだそりゃぁ～」

彼は上のように黒板に書いて説明を始めようとした。

【趣向】

グランドで繰り広げられている体育祭のブロック対抗応援合戦を見ていた。

「どのブロックも〝しこう〟を凝らしてやってるなぁ」

「歯垢っていったら歯についたかすのことだぞ。歯のかす凝らしてどうするだ？　それを言うなら、〝しゅこう〟（趣向）を凝らしてじゃないか？　プッ……」

「うるさいなぁ～」

【避難訓練1】

避難訓練時に黄色のヘルメットをかぶった小太り校長がグランドに出てきた。

「今日は〝肥満訓練〟だっけか？」

【減点】

校内体育祭の華、クラス対抗全員リレーが終わった。

「ピンポンパンポ～ン。ただ今行なわれました三年全員リレーの結果を報告しま～す！　赤組にオーバーゾーンがあったので、マイナス5点の減点になりま～す」

「なにぃ、マイナス5点の減点？　それじゃぁプラス5点になっちゃうぞ。だってマイナスとマイナスをかけるとプラスになるじゃん」

「確かにそうだ。5点マイナスにしますとか、マイナス5点ですって言うのが正しい」

【一日一善】

弁当を食べ終わった生徒が校舎の窓から裏庭に割り箸を投げ捨てる事件が勃発した。

「僕は今から割り箸を捨てる生徒がいないか見張りに行ってきます」

「お疲れ様で～す。ありがとうね～」

「僕良いことやってると思いませんか？　一日一善です！」

と言って職員室を出た。当然ながら〝ぜん〟（善・膳）をかけた秀作だ。

【失言2】

「いいよ、いいよ。どうせ俺は、あくもんになるのは慣れてるから……」

「がははは～今悪人と悪者が一緒になって〝あくもん〟になったな？　受けるぅ～」

【始球式】

「アイドルが、プロ野球の始球式でノーバン送球を見せた」という記事を読んだ同僚が、その映像を繰り返し見たが想像していた動画じゃなかったのでがっかりしたと言った。

【かん違い】

〝主幹〟と書くべきところを、〝主管〟と書いた文書が回覧された。

「こりゃ、〝かん違い〟（勘違い）だな」

【エンブレム】

左手で分厚い右胸を叩きながら、

「教頭先生、私にお任せください。魂に誓って頑張ります！」

「先生、魂があるのはエンブレムが付いてる左の胸だよ。ブワハハ～」

「あのさぁ、プッ……。さっき教頭から聞いたんだけどね、誰だか分からないよ。誰だか知らないけぇが、『魂に誓います』って叫びながら、右胸叩いた同僚がいるっていうじゃんか。アハハハハ～！　傑作～笑えるよな～。どうかしてらぁな、魂があるのは左胸じゃんな～。アハハ～～！」

「俺のことだよ……」

「えっ……、今の話って先生のことだったの？　プッ……。魂が宿るのは左胸なのに、右胸叩いて気合入れたっていうのは先生だったの。ごめんね、ごめんね～。ガハハハハハ～！」

【自由】

「今日の水泳の授業は、前半二十分間は遠泳やって、後半はユニクロにしてやる」

「ユ・ニ・ク・ロですか？？？」

「あ～、ユニクロじゃなかった。〝GU〟だ、自由にしてやるよ」

【一糸乱れぬ】

校内体育大会の三年学年種目は、クラス全員が足を紐で結んで走る「虹色百足《むかで》競走」だった。練習を見ていた同僚が、

「百足競走は〝一糸まとわぬ〟動きがないと勝てないですね」

「あのさぁ、〝一糸乱れぬ〟じゃないの？　プッ……」

【ボンド】

今日は文化祭。普段はジャージだが、珍しくスーツを着て出勤してきた同僚に近づいた女生徒が、

「先生格好いいですねぇ！」

「そうかい、ありがとう。さっき〝ジェームズ・ボンド〟みたいだって言われたっけだよね」

「ジェームズ・ボンド？　接着剤ですか？」

【学級目標】

「小学校の学級目標に、「みんなで解決」っていうのがあったんです。でも平仮名で書いてあるから、〝みんな　でかいけつ〟に読めるんですよ〜」

【教職員評価】

教職員評価は、教職員を業績評価と能力評価の二つの評価を軸に導入が進められ、S・A・B・C・Dの五段階で示された。

教職員評価の校長面談を終え、職員室に戻ってきた研修主任に、

「S（スペシャル）だったら？」

「Sなんかじゃありませんよ～。LLじゃないと着られませ～ん」


【学ラン】

「あたし中学に入学する時と高校に入学する時に制服注文したんですよ。そしたら二度とも……、二度ともですよ～、業者が家に学ラン持ってきたんです。そしたら母が『済みませんねぇ、うちの子、女の子なんですよ』って言って謝ったんですが、なんで謝らなきゃぁならなかったんでしょうねぇ？」


【ミートテック】

厳寒の朝、登校指導で校門近くに立ってたら、運転席の窓を全開で目の前を通過する同僚運

転のワンボックスカーを見た。

「こんなに寒い朝なのに車の窓全開で、しかも丸首の服で寒くないだか？」

「あたし厚手の〝ミートテック〟着てるから平気なんですよ！」

【ぜんぜん】

「ぜ〜んぜん良いですよ〜」

「今若い衆が、ぜんぜん良いって言ったけど、それっていいだ？」

「だめですけど……、誤用だって広辞苑にも載ってるんですけど……、今の若い人たちは平気で使いますね。一生懸命なんかもそうですよ。鎌倉時代は土地を守るっていう意味で、〝一所懸命〟だったんですが、江戸時代に入るとどういう訳か〝一生懸命〟に変わっちゃったんですよ。そういうふうに言葉って時代によっていろいろに変化していくんですよね」

と、国語科の同僚が〝ぜんぜん〟分かりやすく教えてくれた。

【鍵】

「無いはずない、どこにやったか思い出せ！　俺はさっきお前に鍵を渡した。みんなが教室に入れないで困ってるじゃないか！」

「ごめんなさい……。私……、どこへやったかぜんぜん思い出せません……。さっき先生にお渡ししたような……」

「なに〜、俺に渡しただと〜？　いい加減にしろ〜！　俺が持ってたらとっくのとんまに教室開けてみんなを入れてらぁ〜」

「先生……、先生のお尻のポケットに入ってるの、教室の鍵じゃないですか？」

【春場所】

職員室の中を歩き回っていた研修部員が、「春場所前ね〜」と言ったと思ったが、彼らは研修に関する掲示物を「貼る場所ないね〜」と言ってたのだった。

【仰げば尊し】

甘党の同僚が、

「〝我が師の恩〜♪〟てところが、ど〜しても〝和菓子の恩〟になっちゃうんですよね〜」

ためになる話

【指導1】

まだほんの数人しか登校していない朝の三年一組教室。教室内で雑巾丸めてボールを作り、箒をバットにして野球を始めた男子生徒がいた。

「あいつら教室で野球を始めやがった。ここに呼んで指導するか」

「そうしよう。放送入れる！」

「ピンポンパンポ〜ン、三年一組で野球をやってる生徒たち、今すぐ職員室に来なさい！」

「失礼します」

「おう、来たか。俺たちお前たちの野球見てた。お前のスイングは脇が空きすぎなんだ。脇を閉めて振れ！」

「お前はスタンスが広すぎ。スタンスは肩幅でいいから腰を回して触れ！」

「お前ピッチャーだったな？　ピッチャーはコントロールが大事だ。打たれても長打になる確率が低いアウトロー目がけて投げろ！」

「わかったか？　わかったら教室に戻ってよし！」

【海外研修】

海外研修でドイツに行ってきた同僚が、その体験を全校生徒に話した。

「日本の電車やバスにはシルバーシートがありますね？　でもドイツの乗り物にはそういう

シートはありませんでした。ドイツの人に、どうしてシルバーシートがないのか尋ねたら、日本ではなぜそんな席があるのかと逆に聞き返されました。ドイツでは、妊婦やお年寄り、身体が不自由な人が電車やバスに乗ってきたら、席を譲るのは当たり前のことだという考えがあるんです。シルバーシートなんか作らなくても席を譲るのが当たり前だっていうんです。日本はおかしいって言われましたが、君らはどう思いますか？」

【故宮博物館】

職員旅行で、台湾に行った。故宮博物館には、蒋介石が中国から台湾に運んだ国宝七十万点の一部が展示されていた。展示物の中で、私がいちばん印象的だったのが、象牙多層球だった。その象牙球は、微細な彫刻が十七層にもわたって彫られていた。作品は祖父・父・孫の三代にわたって引き継がれ、百五十年もの歳月をかけて完成したものだという。制作途中に失敗しようものなら、死刑になったというからまさに命がけの作品だった。

【鉄則】

水産高校の教員になる前、捕鯨を仕事にしていた先生に聞いた。

「鯨を捕るときには鉄則があるんですよ」

「へえ〜、どんな鉄則ですか？」

「鯨は家族で泳いでいることが多いんです。私たちがまず狙うのは母鯨なんです。母鯨を撃つと心配した家族が寄ってきますから一網打尽にできる。でも、最初に父鯨を撃っちゃぁだめなんです。先に父鯨を撃つと一家は逃げろ～ってことになって、散り散りになってどっかに行っちゃうんです」

「へぇ～、それじゃぁ人も鯨も同じじゃないですか……」

「そういうことになりますね……」

【ダンゴムシ】

「俺が寝てる布団の中にダンゴムシがいたっけ……」

と、驚くべきことを言った同僚がいた。ダンゴムシの生態を調べると、ダンゴムシは暗くて湿った場所を好む。石や木、落ち葉の下のほか、プランターや植木鉢の下に潜んでいる。雑食のため、こうした場所を拠点としながら枯れ葉や野菜、花などを食べる。昼間は鳥やトカゲ、カエルなどの天敵に捕食されないようこっそり隠れているが、夜は活発に動く。夜に活動するのは天敵から身を守ると同時に、日光による水分蒸発を防ぐためでもあるようだ。

【躾】

「昔の人は〝つ〟がつくうちに躾を終えろって言っただぞ」

「どういうことですか？」
「年を数えるとき、ひとつ、ふたつ、みっつ、よっつ、いつつ、むっつ、ななつ、やっつ、このつって数えるけど、とうからは〝つ〟がつかないだよ。つまり十歳前に躾をしろってことだな」

【思春期】

「思春期を反抗期と呼ぶのは親（大人）だが、子どもに言わせたら自立期だぞ」

【薄墨】

「不祝儀袋を書くとき薄墨を使いますが、その訳をご存じですか？」
「知りませんねぇ……」
「それでは言って聞かせましょう。あのですね、薄墨ってのはですね、墨を磨ってるとき、ものすごく悲しくて、とても辛くて、流れ落ちた涙が墨の中に落ちて墨が薄くなったという意味があるんですよ。いい話でしょう～」
「よだれじゃないだか？　よだれでも薄くなるぞ！」

【釣り針】

「イカを釣るのに、オッパイ針というのがあるらしいぞ……」

【リンゴ】

「先生～、二十回目のお誕生日おめでとうございま～す！」

「おぅありがとう～。今日から二十歳だ。お酒を飲んでもいいし、タバコを吸ってもよくなった」

「先生は、二十歳よりもっと若く見えますよ～」

「お～ぉ、みんなでリンゴを磨いてらぁ～」

「リンゴを磨く？　どういうこと？」

「英語では、胡麻をすることを、〝リンゴを磨く〟って言うんですよ」

【バリウム】

「俺、盲腸の手術したことがあるだよ。なぜ盲腸になったかっていうと、胃の検診でバリウム飲んだんだけど、前の晩からな～んにも食べてないから、腹が減るじゃん。胃の検診終わった後、下剤飲まずにおにぎり食って、カップラーメン食べて、コーヒー飲んでサンドイッチも食べた。二〜三日したら急に腹が痛くなってさぁ、病院行ってレントゲン撮ってもらったら医者から『最近胃の検診かなんかやりませんでしたか？　盲腸にバリウムが詰まってますよ』って言われただよ。盲腸の中にバリウムが入って固まっちまっただってさ。その話が有名になって、それ以後バリウム飲んだ教職員には『ちゃんとバリウム飲んでくださいよ〜。下剤飲まないと、盲腸になっちゃいますからね。嘘だと思うかもしれませんが、ほんとうにバリウムが盲腸に詰まって手術した人がいるんですよ』って言うようになったみたい……」

【身に着けたい力】

「結婚までに身につけたい五つの力っていうのがあるんですって」

「へぇ、面白そうだねぇ。どんな力なの？」

「人を見抜く力。人間関係を作る力。人間関係を作り直す力。しっかりと別れる力。一人で生きていく力だそうです」

「なるほどねぇ。その通りだね。経験者は語るけど結婚してからは、耐える力。嘘をつかない力。嘘を見抜く力。期待しない力。お世辞を言う力。細かいことを気にしない力。いつまでもきれいだねと言える力。見て見ぬふりする力。記念日を忘れない力。付き合っていた頃の純真無垢で可愛かったあの頃を忘れる力。何を食べても美味しいねって言える力。昔は良かったなどと昔を振り返らない力。記念日には何かをプレゼントする力。きっと痩せて着られるようになるからその服捨てないで取っておいたほうがいいよと言う力。自分が悪くないのに謝る力。

聞き流す力。俺について来いと言ったことを悔やまない力なんかが必要になってくるはずだよ」

【保護者会】

過保護・過干渉で育ってきている子どもたちが年々多くなってきている。そんな環境で育ってきた子どもたちは、たくましさや耐性に欠け、人のせいにして、すぐ切れもする。子どもと距離を置いて接することの重要性を、学年保護者会で伝えた。

> 絆（きずな：断つに忍びない恩愛。）
> 絆し（ほだし：手かせ、足かせ。）
> mother（母。母親。）
> smother（溺愛して息苦しくさせる。窒息させる。）

「保護者の皆さん、絆《きずな》は読めますよね？」

「それでは、〝絆し〟はなんと読みますか？」

「〝ほだし〟と読みます。絆しの意味は、人の心や行動の自由を縛るもの。自由をさまたげるもの。馬の足をつなぎとめるための縄。手かせや足かせという意味があります。保護者の皆さん、親子の絆だと思ってお子さんに接していても、お子さん側に立ったら絆しになっているかもしれませんよ……」

「母親を英語で書くとmotherですね。ではmotherの前にSをつけて〝smother〟にすると、どんな意味になるでしょう? 〝smother〟には、覆い包むとか、人を窒息させるとか、溺愛して息苦しくさせる。あるいはあふれるほど与える。感情を押し殺すという意味があります。保護者の皆さん、もしかしたらお子さんに対する接し方が、お子さんを窒息させているかもしれませんよ。中学生になったら、お子さんを信じて関心もって見守る。お子さんを信じて、任せるという親の姿勢が大切だと思います。世話を焼くより黙って見ているほうがよっぽど大変なんですよ」

【うまい】

「言葉の〝葉〟の字が〝刃《やいば》〟にならないように気をつけましょうね……」

【驚き桃の木山椒の木】

「おわだまさこ?」

「どっかで聞いたことある名前だなぁ……」

「皇后陛下のお名前ですよ……」

「かわしまきこ……？　これは……？」

「天皇陛下の弟さんの奥さんのお名前じゃないですか……」

「そうか。それで、この○はなに？」

「あのですね、○を読んでいくと、おわだまさこになるでしょう……」

「お〜、なるなる。なりますねぇ〜」

「○のついてない字を読んでいくと、かわしまきこになるんですよ！」

「ドヒャァ〜、ほんとうだぁ！　信じられな〜い！　こりゃ確かに凄いわ！」

「このお二人。なんだかもの凄〜い縁があるんじゃないか！」

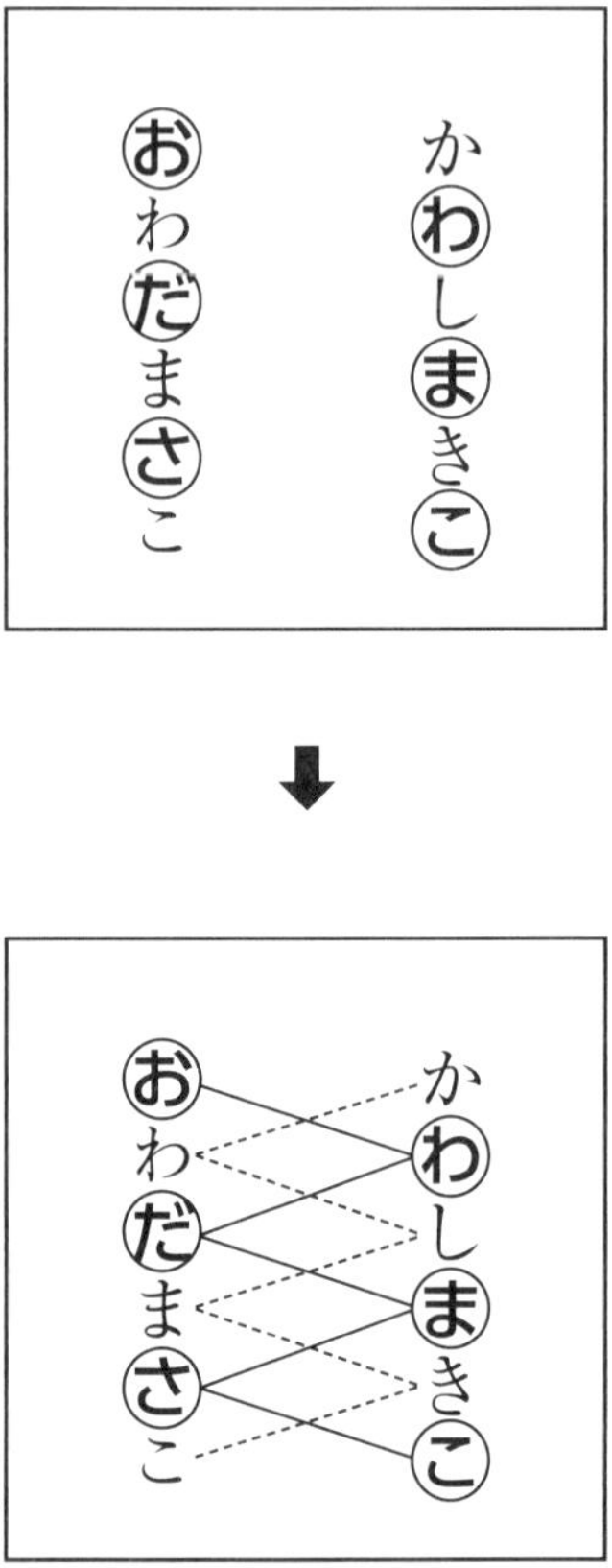

【嫋《たお》やか】

電子辞書を使っていて、〝嫋やか〟という言葉に巡り会った。

〝嫋やか〟の意味は、姿や形や動作がしなやかでやさしいさまを意味する。本校の女性同僚は嫋やかな方ばかりだというような使い方になるのだろう。

【教育とは】

「何度言っても解らない生徒っていますよね……」

「あぁいるね。教育とは、ざるで水をすくうが如しって言うからね……」

「教育とは、流れる水に字を書くが如しとも言いますよね……」

【宮本武蔵】

「そこのあなた、二年部のあなた、ちょっといいですか？　あなたは今、張り詰めて仕事してますね？　後ろ姿にまったく余裕が感じられません。あのですね、昔宮本武蔵が日本一の剣豪目指して全国行脚していたとき、琵琶奏者の家に泊めてもらうことになりました。宮本武蔵を見た琵琶奏者が、あなたは常に張り詰めていますが、そんなんじゃ強くなれません。私は琵琶の演奏をするときだけ、最高の音色を出すときのために、弦を緩めておきます。弦を緩めておかないと、いざというときいい音が出ないんです。あなたも張りつめてばかりいないで、緩めることをしなさいっていう話を聞いて開眼したんだってさ。だから張り詰めて仕事してると、いい仕事はできませんよ～」

「なるほど～、良い話ですねぇ～。……で、先生はいつ弦を張るんですか？　だいたい今までに弦を張ったことがあるんですか？」


【読み】

「この字は、なんと読むでしょうか？」

毟る

「う～ん、毛が少なくなるっていう字だから、はげる」

「残念、〝むし〟るでした」


【クシャミ】

「また空きですか～ん？」

「なに言ってるだ。俺は今感動の授業をやって職員室に戻ったばかりだ」

「ハックション！　ハ～ックション！」

　悪態ついた同僚が、二連発でクシャミをした。

「ガハハハ～、ほ～れみろ。憎まれ口ばっかり言ってるから、クシャミが出たぞ。今誰かが君の悪口言ってる。ざまぁみろ～、ガハハハ～。あのな、日本には昔から、誰かの噂話になっている時にクシャミがでるっていう言い伝えがあるけど知ってるか？」

「そんなの知るわけないじゃないですか」

「では教えて進ぜよう。くしゃみ一回は誉められている。あるいは良い噂話をされている。今クシャミ二回だったよな。クシャミ二回は、謗《そし》られている。あるいは悪口を言われているのだ。今君は誰かに嫌われている。罵られている。君のことだから心当たりがたくさんあるだろう。ざまぁみろ。さらにクシャミ三回は、君にはまったく関係ないが、惚れられているとか、好かれているときだ。そして四回以上は、本当の風邪。解ったか！」

【学校保健委員会】

　学校保健委員会のテーマは食育だった。

「他人と一緒に仲良く食事をすることができるように学ぶのが給食です」

「一緒に食事していて嫌なタイプの人っていますよね。食事中に、嫌い、まずい。よくそんなの食べるわね～など、マイナス発言を言う人がいると美味しくないし、一緒に食べたくなくなるでしょう？」

「満腹（体の栄養）も満足（心の栄養）も、両方とも大切なんですよ」

「美味しいと味わって食べることのできる人がグルメです」

「美味しいという体験が増えると、栄養（体と心の栄養）になります」

「始めから好きと言える食べ物はありません。何度も食べて、食べ物に慣れることによって好きになっていくんです。だから経験を積まないと、美味しく食べられるようになりません。だから、苦手な物でも食べてみることが大切なんです」

「ご飯を食べたら作ってくれた人に、美味しいと言うのがマナーです」

「美味しく食べる人が近くにいると、料理上手になります」

【集中力】

「横綱若乃花っていたじゃぁないですか。貴乃花のお兄さんで体が小さい方の横綱です。彼は本場所前になると相撲を取ってて死んじゃうかもしれないって思って遺書を書いたらしいですよ」

「へぇ～、命がけで相撲を取ってたんですね」

「それではクイズです。彼が引退を決意した出来事があったんですが、どんな出来事だったでしょう？　ヒントは本場所で土俵に上がったらいつもと違っていたです」

「……わかりません……」

「わかりませんよね。僕も理由を知ってびっくりしちゃいました。答を言うと、土俵に上がった時、『お兄ちゃん、頑張れ～』っていう声援が聞こえちゃったからだっていうんですよ」

「えっ、応援の声が聞こえたのが引退理由なんですか？」

「そうなんですよ。それまでは、取り組みに集中していたから声援が聞こえなかったんですって。声援が聞こえたってことは相撲に集中できなくなったからだって判断して引退を決意したそうです。もの凄い集中力ですよね〜」

「なるほどねぇ〜、そいじゃぁこれからあたしが仕事してて、先生のことが気がつかなかったら、集中して仕事してるって思ってくださいよ！」

【タガログ語】

「このタガログ語のプリントは、どなたがコピーしましたか〜？」

「すみませ〜ん、あたしで〜す。あの子の家って日本語の通知を出しても返事がないんですよ。きっと日本語がわからないんでしょうね……」

養教は日本語がわからない生徒の保護者用にフィリピンの公用語であるタガログ語で問診表を作って生徒に持たせた。

学校も国際色豊かになってきた。

【思い出ノート】

生徒たちは二泊三日の修学旅行を「思い出ノート」にまとめることになっていた。

「失礼します。このクラスには「思い出ノート」の見本があるって聞きましたが、ちょっと見せてもらえませんか？」

「これで〜す。見本というか、担任の先生が四十一年前の中三の時に作った「思い出ノート」だそうで〜す！」

その「思い出ノート」の表紙には、金色の紙が貼ってあった。

「えっ担任の先生が作った？　しかも金賞じゃん。凄いなぁ〜」

「いちばん後ろのページに、四十一年前の米粒が付いてますよ」

「本当だぁ〜、割り箸の袋に米粒が付いてらぁ。こりゃきっと四十一年前の京都のご飯粒だな……」

【破損届】

校舎内で「宝探し」という遊びをやっていてロッカーを壊し、「器物破損届」を持って回る五人の男子生徒がいた。職員室に入ってきた五人は、破壊の理由と反省を書いた破損届を持っている。届には押印欄があって、すべての欄に印を押してもらうことになっていた。

彼らはまず①担任の印をもらった。次に②学年主任、さらに③学年生活担当、④事務室主幹、そして⑤物損担当の事務員さんから承認印をいただくところだった。

「あのな、物を壊すってことは、それを直す人がいるってことだぞ。君らは直す人の時間を奪ったんだ」

と事務員さんは心を込めて生徒を説諭した。事務室で仕事をしていた同僚は、

「叱られてるのに、ニヤニヤしちゃダメだ。もっと神妙な顔しな」

と注意した。私は五人に、

「神妙ってわかるか?」

「分かりません……」

「神妙っていうのは、態度がおとなしく素直なことで、反省してるっていう態度や表情で話を聞けってことだ。今の君らはそういう態度じゃない」

器物破損届けを見ると、これから印をいただく職員は、⑥生徒指導主事、⑦教頭、⑧校長だった。彼らは八人もの教職員から印を打ってもらって旅を終える。まだまだ先は長い。彼らの行脚はまだ続く。

【提出】

二学期が始まった。

朝八時五分。生徒は朝読書を始めた。そこに学年主任が登場し、

「税の作文提出した者は手を上げろ!」

「何やってるだ~、今読書の時間だ。本を読め!」

さらに、

「読書感想文出したの手を上げろ!」

「何やってるだ〜、本を読め！」

このやり取りを見ていて川柳が浮かんだ。

「笑わせて　静かにせよと　叱りつけ」

【僥倖《ぎょうこう》】

連勝の感想を尋ねられた藤井聡太四段（当時十四歳で中学三年）が、

「僥倖《ぎょうこう》でした」

と答えた。僥倖には、思いがけない幸い。偶然の幸運という意味がある。

「藤井聡太っていう中学生は将棋も強いが、こんな言葉を知っていて使えるなんていうのも凄いな〜！　彼はただ者じゃないぞ」

あれから六年が経った。二十歳になった藤井聡太氏は、竜王・王位・叡王・王将・棋聖・棋王の六冠を有し、九段になっている。さらにさらに彼は今日（二〇二三年六月一日：二十歳十カ月）に渡辺明名人と名人戦五局を戦って勝った。名人戦を四勝一敗として、ついに七冠を手にした。今日の勝利は谷川浩司九段が達成した二十一歳二か月の最年少記録を四十年ぶりに更新し、史上最年少での名人タイトル奪取。さらに二十五歳二カ月で七冠を手中にした羽生善治に続いて史上二人目の偉業も、最年少記録の更新だという。今日名人になって七冠王になった藤井聡太棋士は、六年前と同じで、

「僥倖でした」

と思っているような気がしてならない。そして二〇二三年十月二十六日現在、王座を制した彼は棋士会の全タイトルを手にし、八冠になった。

【左利き】

「お酒の強い人のことを左利きって言うけどなんでか知ってるか？」

「知りませんねぇ……」

「大工さんから来てるらしいぞ。大工さんが右手に持つのは金槌で、左手に持つのが鑿《のみ》。だから〝鑿〟を〝飲み〟として左利きが飲むほうの手。つまりお酒の強い人ってことになったそうだ」

【慣らし勤務】

市民病院に入院し、肺の切開手術をして二週間の入院生活を送り、六月十一日に退院し、六月十三日の午後三時から慣らし勤務に就いた同僚がいた。

久しぶりに顔を合わせる同僚は痩せていた。それもそのはず二週間の入院で彼は、四キロ体重が減ったと言った。手術前と違い、声にも張りがなかった。青色ボーダーポロシャツの裾をめくり上げると、右脇腹には何層にも重ねられたガーゼが貼られていた。ガーゼをはがし、まだ抜糸されていない手術痕も見せてくれたが、とても痛々しかった。当然まだ傷みがあると言った。

「たいへんだったなぁ……」

「痩せたなぁ……」

こんな時、どんな言葉をかければ良いのだろう？　言葉を選んで話をしていると、出張から帰ってきた女性同僚が、

「あっ、先生痩せましたねぇ〜。いいなぁ〜、あたしも入院して痩せた〜い。アハハハ〜」

と、笑い飛ばした。

【アンカー】

校内体育大会の華は、なんといってもブロック対抗リレーだ。ブロックごとに一年から三年の足の速い生徒でチームを編成し、バトンをつなぐ花形種目だ。

ダントツで走る赤組アンカーが1位のゴールテープを切るはずだった。だが赤ブロックアンカーはゴール直前に大転倒し、あっという間に最下位になってしまった。アンカーにとっても、赤組ブロックにとっても、まさに天国から地獄への瞬間だった。

転倒して両膝に擦過傷を負い、泣きじゃくるアンカーは、本部テント横の救護テントで治療してもらっていた。アンカーは転倒してできた身体の傷よりも、勝利目前で転倒し最下位に沈んだ心のショックの方が大きかった。

傷の治療を受けながらアンカーは、嗚咽しながら赤ブロックのテントを何度も見た。テントにいた生徒たちは理由はわからないが、大騒ぎしていた。仲間たちの騒ぎを見たアンカーは、

優勝と高得点を逃した自分の走りを責められていると感じて、なかなかテントに戻れなかった。

「大丈夫だよ。赤ブロックの仲間は君を責めちゃぁいないよ。安心してテントに帰りな」

「ヒック……。戻れません……。みんなからなにを言われるかわかりません……」

「大丈夫だよ。みんなが君を責めたら、本部テントに来ればいいじゃん」

「恐いなぁ……。ヒック……。戻りたくないなぁ……、ヒック……」

「俺が一緒に行こうか？」

「そんなことしてもらわなくてもいいです。ヒック……」

「そりゃそうだよな。それじゃぁここから君がテントに帰るのを見てるよ。そして君が責められるようなことがあったら迎えに行く」

「わかりました。お願いします。ヒック……」

アンカーは痛めた足を引きずりながら、恐る恐るテントに戻った。大声上げて迎える生徒たちに囲まれたアンカーは、本部テントに向かって、嬉しそうに両手を振った。

【しんゆう】

「〝しんゆう〟ってのにもレベルがあってね、まず〝新友〟、そして〝親友〟になって、〝心友〟になって、〝信友〟ってなるわけよ。いろんな〝しんゆう〟があるのね。それでね、〝親友〟ってのは生きてる間にひとりでもできればたいしたものなの。親友なんて一生の内に巡り合えるかどうかわからない人なのよ。だから〝親友〟がいないって悲観することなんかぜ～んぜんないの」

【秋の香】

学校教育地域支援課主査が、

「小学校低学年の児童が校庭で拾った団栗《どんぐり》を担任に見せにきて、秋を見つけたよと嬉しそうに言った。その団栗を受け取った教師は、秋を見つけたらこの箱の中に入れてね～と言って箱を用意した。その箱は、いろんな秋であっという間にいっぱいになった」

というステキな話をしてくださった。帰宅してこの話を妻に伝えたら、

「そういう子いるよ。この季節に外を歩いていたら、受け持ってた小学校一年の女の子が、〝秋の香りがする〟って言ったことがあったよ」

「へぇ～、小一の子が、秋の香りってか～。これまた素敵な話だねぇ～。なんて素敵な感性をもった子だろうね」

それから十数年。

〝秋の香りがする〟と言った女の子は薬科大生になり、その子の母親とは同僚になり、同じ学年部で仕事をしている。

【シナリオ】

「もう二度と同じことをやらないように、きつく指導するか」

「よしわかった。そうしようぜ」

「いいか、俺たちはまず生徒の言い分をじっくり聞く。その後話を聞いて腹を立てた俺が奴に殴りかかるが、先生が俺たちの間に割って入って生徒を守る。生徒は守ってくれた先生のことを信じ、尊敬する。そのタイミングで俺は指導室を出ていく。生徒と二人きりになった先生は、しんみりと心に刺さる話をする。これでどうだ？」

「そのシナリオ良いねぇ～。よし、それでいきましょう！」

指導が終わった。

「先生、シナリオと違って弱気だっけなぁ～。俺はもっともっときつくいくと思ってたから期待外れだった。がっかりした。あんなんじゃぁ手ぬるいな」

「あのな、良い者役はこれだから嫌だ。嫌われる心配がない役は無責任だから、なんとでも言えるだよ」

【学級開き】

学級担任にとっての四月初っ端の学級開きは気合が入る。一年間任された学級の今後を左右するとても大切な時間だからだ。生徒たちとの最初の出会いで何をどう話すか？　学級担任は、練りに練った話を生徒に言って聞かせる。

「えぇか～、君たちは俺を頼るな。俺を頼っちゃぁだめだ。もしこのクラスが、学級崩壊を起こすようなことになったら、それは君たちのせいだ。俺ゃ知らんぞ～、自分たちで責任取れ！わかったな～！」

一年後……、そのクラスは自主自立の精神高く、男女仲が良く、向上心高いとてもいいクラスに育った。

【休憩時間】

「今日は休み時間だろうがトイレに行ったときであろうが、なんであろうがなかろうが、テスト以外の話をするな、分かったな。なぜかというとだな、俺の知り合いに早稲田大学の教育学部を受験して合格し、今どっかの学校の校長先生をやってる人がいる。その先生が早稲田大学の受験の時、テスト前の休憩時間に見ていた参考書の内容がそのまんま次の時間のテストに出て合格できたと言ってた。その先生にとっては、人生を変えた休み時間だったそうだ。君たちも休み時間になったら次のテストの勉強をやれ。過去と他人は変えられない。未来と自分は変えられるっていう言葉があるが、終わったテストの話題で貴重な休み時間を無駄にするな～。勝負は次、次の時間だ～」

【指導2】


コンビニでアイスクリームを万引きした生徒を学校に呼んで指導した。

「どうだ……、万引きしたアイスは美味しかったか?」

「はい、美味しかったです」

「……」


【三〇〇〇メートル走】


「今分けた三〇〇〇メートルの学習プリントの空いてるところに、〝葛藤〟と漢字で書いてみてください。葛藤の意味は、それぞれ違った方向、あるいは相反する方向の力があって、その選択に迷う状態という意味があります。次の時間から三〇〇〇メートル走を始めますが、走ってる時に君らはきっと、あ〜ちんたら走りた〜いっていう気持ちと、いやいや苦しくとも自己記録目指して全力で走り切るぞっていう相反する気持ちが戦うことになるはずです。そういう心の状態を〝葛藤〟と言います」

「今度はプリントの空いてるところに、〝克己〟と漢字で書いてみてください。こっきと言っても、国の旗と書く国旗ではありませんよ。克己っていうのはサボろう怠けようっていう気持ちに負けない強い意志のことを言います。持久走は克己です。つまり己の弱い心に克《か》つことです。ゆっくりちんたらダラダラ走りたいという怠け心を意思の力でやっつけて、怠けることなく全力を出して走りきることを言います。いいですね？　解りましたね？　三〇〇〇メートルの合言葉は〝克己〟です。君たちは今ここで、自分に負けず、全力で走り切ると決心しなさい！　わかったなぁ～！」

「……へぇ～い……」

「なんだ、その気のない返事は～？」

【演奏会】

年中になる同僚の愛娘ちゃんはピアノを習っていて、次の日曜は発表会だった。母親が発表会に備えた練習を聴いていると、音が外れた。何度もずれた。いつもと違う軽率なミスが続いたので、不審に思った母親が、

「何度も音が外れるけどどうしたの？」

「めをつぶってひけるかな……っておもって、めをつぶってひいてみたの……」

切羽詰まった感じが全くない、母親似で器の大きい愛娘さんである。

「娘が、発表会が心配になるって言うから、『なにが心配なの』って聞いたら、発表会の後、ご褒美の風船もらえるかどうか心配って言うんですよ～。心配してるのはそこかよって！　こりゃ完全に旦那似だわって思いました」

【喜び三段階】

第一段階は、やってもらう喜び（誕生から乳幼児）。第二段階は、できる喜び（小学生以降）。そして第三段階が、施す喜び（中学生以降）。

「みんなはもう中学生なんだから、施す喜びを実践しよう。施しっていうのは、見返りを求めない愛のことだ」

【日本代表】

「人を幸せにしたいという意識を持った時、力を発揮できる」

と元ラグビー日本代表はラグビーワールドカップ観戦に向かう車の中で言った。

【ジャンケン】

愛娘ちゃんが通う保育園からいただいた便りに、「うぉーくらりーのとちゅうでたぬきがでます。たぬきとジャンケンをして、かったらすすめますが、まけたらもどらなくてはなりません」と書かれていた。

「じゃんけんやってたぬきさんにまけるのいやだから、ぜったいかつ！」

と決意した愛娘は、対狸ジャンケン必勝法を考え始めた。動物図鑑で狸を研究した愛娘ちゃ

んは、

「たぬきさんにちょきはだせるか？」

という命題にたどり着いた。再び動物図鑑で狸の手や指を詳しく観察した結果、

「たぬきさんのてで、ちょきをだすのはむり。ぐーとぱーしかだせない。ず～っとぱーをだせば、まけることはない！」

という結論に至った。実に賢い年長児である。

ウオークラリー当日、母と山道を歩いていると、出た出た。お便りに書いてあったとおり、二人が歩く道に狸が出てきた。あれ？　その狸は、明らかに中に人が入っていた。着ぐるみ狸だった。着ぐるみ狸だったら難なくチョキが出せる。

「おかあさんどうしよう？　あのたぬきさんにせものよ。あたし、ほんもののたぬきとじゃんけんするとおもってた。ぱーだしじゃんけんがつうようしない」

「パーを出し続ければ負けない作戦」が、フイになっちまったのである。だが、優しい父と、研修主任の母に育てられている愛娘はそれくらいのことでへこたれなかった。母親が思っていた以上にたくましく育っていた愛娘は、

「かかってらっしゃい！　じゃんけんぽん！　あいこでしょ！」

「やった～！　やったぁ～！　たぬきさんにかった～」

「おかあさん！　ジャンケンにかったから、あたしたちもどらなくていいの。ごーるめざしてすすみましょう！」

【講話】

「昨日の講話、と～ってもいい話でしたよ。講師は植物のお医者さんをやってる方でした。葉っぱや枝が病気になった時は、根っこを治療するんですって。根っこは地面の中なので見えないけれど、根っこを治すと病気が治るんですって……。植物も人間も通じるところがいっぱいあるらしいですよ」

【お風呂】

「おかあさん、きょうのおふろもきもちがいいねぇ～」

「ほんとね～、温かくて気持ちいいわねぇ～（それにかわいい子どもたちと一緒にお風呂に入れて、お母さん、と～っても幸せよ♥）」

「おかあさん、ぼくにはおふろよりもっとあたたかいものがあるんだけど、なんだかわかる？」

「わかるわよ～、ベッドでしょう。お風呂も温かくて気持ちいいけど、ベッドの中も温かくて気持ちいいわよね～。この頃寒くなってきたから朝起きてお布団から出るのが嫌になっちゃうけど……。できれば一日中お布団の中でゴロゴロしていたいわ。オホホホホ～。答はベッドの中！　どう、当たりでしょ？」

「ブッブ～ざんねんでした。ベッドの中じゃありません。こたえは心です。だいだいだいすきなおかあさんと、かわいいいもうとさんにんでいっしょにおふろにはいっているので、ぼくの心はおふろよりも、もっともっとあたたかいで～す」

「えっ（布団じゃないの？　ベッドじゃないの？　小一のくせに、なんて感動的な答を言うのよ。布団の中って答えたあたしって……。あたしから産まれた子なのに、まだ小一だっていうのにあたしの上をいく答じゃない）あ～ん、なんて優しい答なのよ～。お母さん嬉しい～」

　長男の答を聞いて感涙を流している母を見た年長の愛娘が、

「おかあさん……、どうかしたの……？　なんでないてるの……？」

と優しく尋ねたというから、これまた優しく思いやりのある愛娘さんである。

【快答】

〔問1〕氷が溶けたら何になりますか？　という問題の答は水だ。

〔問2〕次の数を答えなさい。3＋6＝　6＋4＝　3＋4＝　の答は、上から、9　10　7だ。

　だが〔問1〕の答を春。〔問2〕の答を10　11　8と答えた小学生がいたという。その理由を聞いて納得した。

「いいなぁ～、素敵な答だなぁ～。俺だったら花丸つける」

【新出漢字】

小学校二年生、国語の授業。学級担任は、新出漢字が出ると、子どもたちに身近な人の苗字や名前を使って授業を進めた。新出漢字が〝山〟だと、今日は山田君の山という字が出ましたよ～となる。その日の新出漢字は、原っぱの〝原〟だった。担任は子どもたちがお世話になっている人気者の先生の苗字を使うことにした。

「お～、今日は○○先生の原が出ましたよ～」

「先生そんなこと言っちゃぁいけないと思います。○○先生がかわいそうです！」
○○先生のお腹は布袋様のようだったのだ。

【卒業式】

「私、初めて三年生を送った卒業式の時、べろんべろんに泣いちゃったわよ」

「先生……、〝べろんべろん〟てのは、酒に酔った時に使う言葉ですよ……」

夫婦のホンネ

【後悔】

「伊豆の波勝崎に、猿山があるじゃないですか……」

「あるね」

「結婚前に妻と一緒にその猿山に行ったことがあるんですよ。そしたら妻が猿に囲まれたんです」

「え～っ、奥さん恐かったでしょうね？」

「えぇ、今にも泣きそうになって、ものすごく恐がりました。そのとき僕は格好つけて猿と妻の間にこうやって（両手を開く）割って入って、妻を守ったんですよ。その時の好印象があって、結婚に至ったのかもしれないんですよね。あ～あ……、あのとき逃げてりゃよかったなぁ……」

【ほくそ笑み】

同僚が買った最新携帯電話は、電話をかけてきた相手によって着信曲が変えられた。

「家の奴からかかってきたときは、ジュラシックパークにしたんですよ。ジョーズとどっちがいいかなぁって、ずいぶん迷いましたがね。昨晩家の奴に内緒でジュラシックパークに設定したときは、思わずほくそ笑んでしまいました。アッハハハ～」

【文化祭】

十一月三日の文化の日に、女子高文化祭に招待された同僚がいた。翌日になるとその同僚が文化祭を熱く語った。

「昨日俺は、完全に感動しちまってなぁ〜。あのな、女生徒がな、可愛い女生徒がな、俺を案内してくれただよ。しかもその女生徒に、合唱聞きたいなぁ〜って言ったら、わざわざ時間を調べてくれて、『二時四十分からですが、どうなさいますか?』って俺に聞いてきた。『どうなさいますか?』だぞ。俺に、『どうなさいますか?』って聞いてくれただよ〜。その時間に合唱聞きに行ったら、空席見つけてくれてな、俺をその席に案内してくれて、座らせてくれた。あ〜ぁ……。家の奴をあの女子高に入れて、再教育してもらいたいなぁ……」

【文化の違い】

「女房の家じゃぁさぁ、焼きそばの時にゃぁご飯がでないだよ。俺はご飯と焼きそばを両方食べたいだよねぇ。餃子の時にもご飯がでない。普通、ご飯と餃子は付きもんだら?　夫婦間でもこういう文化の違いっていうのがあるだよな〜。社会の時間に文化の違いっちゅうことで生徒に話をして欲しいもんだ」

【溜飲】

同僚は夫婦げんか（口げんか）で奥様に完敗した。翌朝になっても悔しくて気がおさまらない同僚は、仕事に出かける玄関で、奥様の靴を軽く蹴飛ばして溜飲を下げた。情けないのはその後だ。奥様にばれるのが恐くなった同僚は、靴を元通りにして出勤した。

その話を聞いていた別の同僚は、洗濯物を畳むとき奥様のものだけちょっとだらしなく畳んで溜飲を下げると言った。

【円満】

夫婦円満の秘訣を問われた同僚は、

「平伏《ひれふ》すことです。嫌でも妻に平伏すのです！　平伏すのが一番です！」

と、目に涙をためながら答えていた。

【十二万】

同僚がたった十二万円の中古車を購入した。数日後に帰宅すると見慣れぬ子犬が夫に相談なしで家族になっていた。その犬も十二万円だという。

「なんで俺に内緒でこの犬買ってきただぁ〜。しかも、なんで俺の車とこの犬の値段が一緒なんだよ〜」

【目覚まし】

「あのですねぇ、奥さんが朝なかなか起きないんですよ。目覚ましかけて寝るんですが、目覚まし鳴ってもなかなか目覚めないんです。今朝も枕元に置いてあった目覚ましが鳴ったもんですから、リセットボタンを押そうとして身体を伸ばしたらプッって小さなおならが出ちゃったんですよ。こんな音じゃ起きないだろうなぁって思ってたら、奥さんが、今のなに？　って言いながら目覚めたんです」

【快挙】

「しょっぱい物を食べたくなったからコンビニにでも寄るか」

「あたしも寄りたいと思ってたの」「私も寄りたかったぁ〜」

「お〜い、もう良いな〜？　支払いするぞ〜」

「ありがとうございます。五百九十円になります」

「五百九十円ね。え〜っと……」

小銭入れを開けた私は、五百円玉ひとつと、十円玉八つ。五円玉ひとつと、一円玉五つを取り出した。グワォ〜！　なんという快挙、なんという奇跡。五百九十円を支払った私の小銭入

れは、空っぽになった。嬉しくなった私は、

「店員さん凄いでしょう？　今の買い物で、私の財布の中の小銭が全部無くなったんですよ。空っぽになりました。こんなことは人生初です。やったぁ～」

快挙を達成して大喜びの私を見たコンビニ店員さんは笑顔で応えてくれた。最高の気分に浸っていると、その快挙を知らない妻が、

「お父さん、追加でこれもお願い……」

と言いながら、あめ玉持ってレジに来た。

「お前何やってるだぁ～。今俺は五百九十円払って小銭入れが空っぽになって、もの凄～く良い気持ちでいるだよ。これを追加したら台無しになっちゃうから自分で払え！」

と言って、さっさと店を出て車に戻った。妻の愚行に腹を立てて運転席に座った私に、遅れて車に乗ってきた三女が、

「お父さん、さっき店員さんになにか言った？　店員さん笑ってたっけよ……」

さっきの出来事を三女に伝えると呆れたように、

「あっそう……」

とそっけない返事をした。残念ながらこの快挙と感動は、家族と共有できなかった。

【あい妻弁当】

「おっ、先輩今日は愛妻弁当ですね？」

「違う、俺は今まで愛妻弁当など作ってもらったことはない。今日の弁当は悪妻弁当、もしくは恐妻弁当だ」

「うまいなぁ～。ちなみに今日、僕の弁当は〝哀妻弁当〟ですよ……」

【意気投合】

小雨降る朝七時三十分。八十七歳になっても、交通指導員として生徒の登校を見守り続けてくださっているおじいさんの交通指導員さんと雨傘を差しながら話をした。

「おはようございます。毎朝ありがとうございます」

「おはようございます。今日も雨ですねぇ……」

「よく降りますねぇ……」

「よく降ります。来週になると台風が本州を縦断するかもしれないっていうじゃぁありませんか。大陸の方に行っちゃうと思ってましたが、急に進路が変わりましたね。こないだの台風の時みたいな被害が出ないと良いんですが」

「でもね、自然界の台風だったら、なんとかなりますよ。台風が来る前にある程度対策練れるしね……」

「そうですね……」

「困るのが家の中で発生する〝台風〟ですよ……」

「ガハハハ～、そうですねぇ～。お宅でも発生しますか？」

「しょっちゅう発生しますよ。家の中で発生する台風は準備ができない」

「そうです、そうです。訳もなく突然発生しますからね！」

「そうなんですよ。それに家の中の台風には台風一過はありません。停滞することがあります。それに季節を問わず発生します」

「そうです。年がら年中発生しては停滞するから、ただひたすら耐えるしかありません」

「恐いですよねぇ」

「ええ恐いです」

【服選び】

「お父さん、ちょっと来て見て。この服とこっちの服とどっちがいいかなぁ～」

そんなのどっちでもいいが、即答すると、考えていないと思われてまずいことになる。いちおう考えたふりして少し間をおいてから、

「そうだねぇ、右手に持ってる服のほうが良いんじゃないか？」

「こっちかぁ、あたしはお父さんと違うなぁ。あたしゃこっちの方が良いと思うだよね。う～ん迷うなぁ。よし、やっぱりこっちにするよ」

妻は服に限らず八〇％強の確率で私が勧めるものを却下する。つまり私のアドバイスを聞くまでもなく、すでに自分の中で、いろんな物事を決めている。でも一応私に意見を聞く。じゃぁなぜわざわざ聞いてくるのだ？

そんな話で盛り上がっていると事務主幹が、

「あたしは服選びで旦那に尋ねたことは一度も無いわ。だって私はなに着てもどんな服を着ても似合うからね！」

日本語ハムズカシイ

【組織的】

パソコン使って「生徒指導のⓈⓈⓈⓈⓈ（ⓢ最悪をもってⓢ真剣にⓢ素早くⓢ誠意をもってⓢ組織的）」という文書を作っていると、ALT（外国語指導助手）が画面を覗き込んできた。

「サ……、サイアク　デショウ?」

「シ……、シンケン?」

「お～、凄いじゃん。漢字読めるだね?」

「ス……、ス……、ス……、ス……」

ALTは、ⓢになると口ごもった。彼の困惑した表情を見た私は、

「ⓢは、すばやく。ⓢは、そしきてきって読むだよ……」

「ホゥ～　ソ～シキテキ?」

「あのな、そ～しきじゃなくて〝組織〟。そ～しきって伸ばすと、〝葬式〟になっちゃうからな……」

「ウ～ン……　ニホンゴハ　ムズカシイデスネェ……」

【去年】

「センセ～イ　キョウネンノコト　オボエテマスカ?」

と前項登場のALTが聞いてきた。

「〝去年〟のことだな？〝享年〟て言うと死んだ年になっちゃうから気を付けな」

「ウ〜ン……　ニホンゴハ　ムズカシイデスネェ……」

【木の実】

ＡＬＴと話をした。

「あのな、日本語じゃぁ、木《き》の実を、〝このみ〟って言うことがあるから覚えときなよ」

「ヘェ……、ソウナンダ〜　ドンナトキニ　コノミ　ッテイウンデスカ？」

「どんなときに言うかってか？　……う〜んとねぇ……」

国語科の同僚に助けを求めると、

「木《き》の実か木《こ》の実かは、〝好み〟でしょう！」

【味噌】

来日して、数カ月しか経っていないＡＬＴと話をした。

「日本食には慣れましたか？」

「ハイ　ナレマシタ　トッテモ　オイシイデ〜ス」

「日本で一番好きな食べ物はなんですか？」

「コナイダ　オオサカニイッテ　タベタンデスガ　オコノミヤキト　タコヤキガ　スキデ〜

ス」

「ほぅ、お好み焼きとたこ焼きかぁ。いいねぇ〜」

「ソレニ　ラーメンモ　スキデ〜ス」

「おっ！　ラーメンも好き？　いいねぇ〜。俺も大好きだよ。好きな味はなに？」

「ボクハ　トンコツアジガ　スキデス　センセイハ　ナニアジガ　スキデスカ？」

「俺は味噌味だな！」

「ミソモ　オイシイデスネェ〜」

「あのな、味噌は美味しいけど、仕事で味噌をつけちゃ困るよ。〝味噌をつける〟の意味わかる？」

「？？？　ワカリマセン　ドウイウコトデスカ？」

「あのね、日本語に、味噌をつけるっていう慣用句があってな……」

するとそのとき、

「味噌って言っても食べる味噌じゃぁないのよ」

と、私たちの話に加わってきた同僚がいた。

「えっ、味噌って、食べる味噌のことじゃぁないだ？」

「違うでしょう〜」

「ほいじゃぁみそって何のこと？」

「え〜とねぇ……」

彼女は正体不明の〝みそ〟があると言う。私は、みそが味噌だという確信が揺らいだ。我々はＡＬＴに伝えるべき正しい〝みそをつける〟の意味を探ることにした。調べた結果、〝味噌をつける〟という慣用句は、失敗して評判を落とすこと、面目を失うことだと知った。やっぱり〝みそは味噌〟のことだった。さらに私たちは、〝味噌を擂《す》る〟は、おべっかを言う、へつらう、ごまをする。〝味噌を上げる〟は、自慢する。手前味噌を並べるという慣用句も知った。

「へぇ～、みそは食べる味噌なんですね～。今日も新しいことを知りました。先生、ありがとうございました」

【間八】

ＡＬＴが三連休に泊まり込みで淡路島に行って銛《もり》で魚を突く猟をして帰ってきた。大漁だったそうだ。

「センセイ　カンパチヲ　カンジデカケル？」

「かんぱちって魚のか？　書けない。教えて……」

私はアメリカ人のＡＬＴに漢字を教えてもらうという屈辱を味うことになった。

「アイダトイウジニ　カンスウジノ　ハチヲカクダヨ」

「間に八……。これでいいだ？」

「ソウダヨ　ソレデイイ　カンパチヲマエカラミルト　ココントコ（魚の額）ガ　ハチノジニミエルカラ　ソウイウナマエガ　ツイタンダヨ」

と、教えてくれた。くっそぅ～、彼の薀蓄《うんちく》は本当だろうか？　愛用スマホで調べると、確かにＡＬＴが言ったとおり〝間八〟が正解で、彼が説明したとおりの理由だった。

【特訓】

ＡＬＴのところに行って日本語の特訓をやった。その日の内容は謎解きだ。
①新聞とかけて、坊主と説く。その心は……。
②お葬式とかけて、鶯《うぐいす》と説く。その心は……。
③恋愛とかけて、アルファベットのＨとＪと説く。その心は……。
その時ＡＬＴは忙しそうに英語テストの採点を手伝っていたので、本気で私の相手をしてくれなかった。謎解きを出題されたＡＬＴは面倒くさそうに、
「ワカラナイカラ　コタエヲオシエテ……」
と考えもしないで白旗を揚げた。だが答を言うと彼は丸付けの手を止め、
「スゴイネ〜！」「イイモンダイダネ〜！」
と唸った。①の答は、今朝来て今日読む。袈裟着て経読む。②の答は、鳴きながら梅に行く。泣きながら埋めに行く。③の答は、Ｉ（愛）で結ばれている。

【算数】

小学校一年生の算数。

「みんな～、こくばんのえをみてね。ここにハムスターが八ひきいますね？　八ひきのうち四ひきはオスです。それじゃぁメスはなんびきいるでしょうか？」

「この計算は足し算でしょう～か、それとも引き算でしょう～か？」

「ハイ！　ハイ！」「ハイ！」「ハイ！　ハ～イ！」「ハイ！　ハイ！　ハイ！」

「ひき（匹）がはいってるから、ひきざんだとおもいま～す！」

「いいで～す！　ぼくもおなじいけんで～す！」

「いいで～す！　あたしもおなじいけんで～す！」

【退路を断つ】

英語科の同僚机上には、明日の授業で使うであろう多くの写真があった。

「ひとつ聞きたいことがあるんだけどね……」

「ＣＥＮＴＥＲって書くところとＣＥＮＴＲＥって書くところとあるよね。ＥとＲを逆に書くことがあるけど、あれはなんで？」

「ええ、確かにありますね。あれは方言なんですよ。英語にはイギリス系とアメリカ系があって、話し方やスペルが微妙に違うんです。バンクーバーは、いろんな国の人が集まっているんで、いろんな言葉が混じってるんです。私はイギリス系の英語はあまり好きではありません」

「素晴らしい～。先生は昔から英語が堪能だったんですか？」

「いいぇ～、私、小さい頃舌っ足らずだったらしいんですよ。なので母が、しゃべる回転の速い英語でも習わせたら良いかもしれないって思って、小さい頃から英語に親しませたみたいなんです。そのおかげで英語が好きになりました」

「へぇ～そんなことがあったんですか。どうすれば先生みたいに上手に英語を話せるようになりますか？」

「そうですねぇ……。英語で話す人と友達になるとか、外人さんと結婚するとか、そんなのが一番良いんじゃぁないですか」

「そうだね、そうすりゃぁ英語を話さざるを得なくなるもんな。つまり〝退路を断つ〟ってことだよね」

「えっ……、まぁ……。そう・い・うこ・と・です・かね・ぇ……」

あれ？　さっきの英語に関する堂々とした受け答えとは明らかに違うぞ。なんだかおどおどしてる。もしかしたら……。

「先生……、退路を断つって解る？」

「たいろ……？　……たつ……？　……。え～っと……。ろは道路の〝路〟ですよねぇ……」

「当たり～。そうだよ……」

「退路のろは、道路の路だよ。それじゃあ～〝たい〟は？」

「たい……？　たいは、この字ですか？」

彼女は左手のひらに〝対〟を書いた。こりゃ面白い展開になってきたぞ。

「グワッハハハ～！　まぁいいだろう……。確かにそれも〝たい〟と読む……」

「ほいじゃあ〝たつ〟は……？」

〝たつ〟を聞かれた彼女は、椅子から立ち上がって〝立つ〟を示した！

「おーっ！　立ち上がったぁ～！　椅子から立ち上がったぞ！　グワハハハ～！」

職員室は笑いの渦と化した。あの有名な〝退路を断つ〟という言葉が、彼女の頭ん中では〝対路を立つ〟になっていた。

「背水の陣でもいいよね……」

「……？　はい？　……はいすい……？？　……じん？？　……？」

やいやい。教頭のヒントが仇になった。彼女の顔に再び？　？　？　が並んだ。

「あのさぁ～！　〝すい〟は解るら？」

「すい……。〝すい〟は、……水？　……で・す・よ・ね……」

彼女は薄く張った氷の上を歩くように、恐る恐る、慎重に言葉を選んだ。

「当たり！　その通り。すいは水だよ。それじゃぁ～、水はどこにある？」

教頭は再び恐る恐るヒントを出した。水はどこにあるか？　実に良いヒントだ。背中に水があるから戻れない。だから前に進むしかない。このヒントなら解るかもしれない。しかし彼女は、我々の常識レベルとは桁が違っていた。その教頭ヒントに彼女はなんと、

「排水溝！」

と答えた。

「はっ……、排水溝ってか～？　ガハハ～やめてくれ～笑い過ぎて息ができないからやめてくれ～ガハハハハ～」

「だって教頭先生が、どこに水がある？　って言ったもんですから。排水溝だったら水がある

じゃぁないですか」

彼女は不満そうな顔で教頭ヒントが悪いと言った。完全なお門違いだ。

「はっ……、背水の陣の〝はい〟は排水溝じゃな～い！」

「背中の背だぁ、自分の後に水があったら戻りたくても戻れないじゃん！」

「……それじゃぁ……。〝じん〟は？　〝じん〟はわかるよね？」

「……じん……？」

「じんは、仁・義・礼・知の仁ですか？」

同僚に大笑いされ悔しくなった彼女は、〝仁〟と答えた。かの有名な〝背水の陣〟が、彼女の頭の中では〝排水の仁〟になっていた。


【都都逸】


「口ばっかりで行動が伴わない奴がいたら〝あんたは乞食のお粥よ〟って言ってやればいい」

「そうなんですか？　でもきっと〝なんで？〟て聞かれますよ……」

「もし聞かれたら、乞食はお金が無くてお粥に入れる食材を買えないじゃん。だからお粥の中身は具が無くてお湯ばっか……。だから言うばっかかちゅうことになるじゃん。解った？」

「えぇ……、なんとなくわかりました……」

「今までにそう言うのを聞いたこたぁない？」

「ありますよ……。どっかから飛び降りるっていうの聞いたことあります」

「どっかから飛び降りる？　そりゃぁ、清水の舞台だろう？　清水の舞台から飛び降りるって言ったら？」

「そう、それです、それです！　清水の舞台から飛び降りたつもりでブーツを買ったって言った友達がいました……」

「その使い方いいね。よっぽど高いブーツを買ったんだろうね。ほいじゃぁ、信州信濃の新蕎麦よりもあたしゃあなたのそばが良いっていう都都逸は聞いたことある？」

「……？　ど……どい？　つ……？　……」

「世話が焼ける奴だなぁ。いいか、信州っていったら今の長野のことじゃんな。長野の新蕎麦はものすご～く美味しいだよ。だけどな、そんなに美味しい蕎麦よりもあなた、つまり好きな人のそば。好きな人の近くにいる方がよっぽど嬉しいっていう意味なんだ。わかった？」

「……は……い……。な・ん・と・な・く・で・す・け・ど……」

【筋肉痛】

「昨日バドミントンやったので、腕が筋肉痛で痛いです……」

「あのな、今の言い方おかしいぞ。頭痛が痛いって言うのと一緒じゃん。いいか、机上の上っておかしいら？」

「おかしい？　何がですか？」

「解らない？　それじゃぁ、白い白馬ってのは変だろう？」

「白い白馬が変？？？」

「馬から落馬するは？」

「落馬は馬から落っこちるってことですか？」

「そうそう、そういう意味だよ。馬から落ちるって言うなら良いけど、馬から落馬するっていうのは変だら？」

「変……？　馬……？　落馬……？」

「あのな、言葉が重なってるだよ。落馬ってのは馬から落ちることじゃん。だから落馬だけで馬から落ちるっていう意味になるから馬から落馬するとは言わない。さっきあんたは筋肉痛で痛いって言ったけど、筋肉痛だけで痛いっていう意味が含まれているだよ。解ったら？」

「……は……い……。な・ん・と・な・く・で・す・け・ど……」

笑える話・怖い話

【楽器】

支部の音楽発表会があった。

「先生は何か楽器ができますか？」

「俺は〝法螺を吹くこと〟、〝口三味線を弾くこと〟、〝腹鼓を打つ〟ことはできるぞ」

「へぇ～、三つもできるんですか～。凄いですねぇ～」

【忘れ物】

「ほいじゃぁ行ってくるよ～」

「お父さん待って～。行っちゃぁだめ～。忘れ物よ～」

「忘れ物？　なんにも忘れちゃいないよ……」

「お父さ～ん、ズボン履くの忘れてる～」

【悪戯】

悪戯好きの同僚が余った検尿容器に緑茶を入れ、女生徒が書くような丸文字で『遅れてすみませんでした』と付箋紙に書いて容器に貼り、同僚の机上に置いた。

「なによこれ？　誰が置いたの？　これお茶でしょ！　これじゃ薄すぎだわ。もうちょっと濃い方がいいわよ……」

一日で悪戯を見抜いた同僚は職員室内の流し場に行って検尿容器を空にし、濃い目の緑茶を入れて隣席に置いた。何も知らない同僚が職員室に戻り、机上に置かれた濃い目のカテキン検尿を見た。

「うわぁ〜、今頃検尿が届いたか〜。困ったなぁ。参ったなぁ、どうしよう」

カテキン検尿をつまんだ同僚は保健室にいる養教のところに持って行った。

「検尿ですって？　今頃何よ！　全校分まとめてとっくに出しちゃったわ！　もうどうしようもないから、先生が何とかしてください！」

「そうですか……、そうですよねぇ……。わかりました。僕が何とかします……。二次検査まで預かっておくかなぁ……。でもなぁ……」

たまらず保健室に入った私は、カテキン検尿を持った同僚にすべてを伝えた。事実を知った同僚は、目にうっすら涙をためた。

【ヘッドコーチ】

学校対抗教職員バレーボール大会があった。優勝目指した本校チームは、バレーボール経験者の養教にヘッドコーチを依頼した。

「あたしがヘッドコーチ？　もちろんいいわよ……。でも本音を言うと〝ヘッドコーチ〟より〝ベッドコーチ〟のほうがいいわ〜ん」

【強運】

若手同僚がグフンドに三百メートルトラックを引いていた。やや前屈みでラインカーを引いてバックストレートに差し掛かると、後頭部に軽い衝撃を感じた。先輩が投げた小石が当たったと思い、切れ長の目で睨みを利かせながら顔を上げて周囲を見回したが、

「おかしいなぁ、誰もいないじゃん。じゃぁ今の衝撃は何だったんだ?」

後頭部に手を当ててみると、得体のしれない何かが……、ジェル状のものがべっとり右手の平に付いた。

「なんだこれ……? うわぁ～糞だ～! 鳥の糞が俺の後頭部に落ちてきたぁ～」

そのときグランド上空は、透き通るような青空。電線一本ない上空を飛んでた鳥が出した糞が、こともあろうに同僚の後頭部を直撃したのだった。

「ガハハハハ～! 信じられない幸ウンコだぁ～!」

この出来事を理科の同僚に話すと、

「おかしいなぁ、鳥は木に止まっているときしか糞を出さないはずなのに……。鳥っていうのは、とても上品な生き物なんだよ」

「そうか、そうするとだよ、きっとその鳥は、腹をこわしていた。食い過ぎか食あたりで腹をこわして空を飛んでた鳥が我慢できなくなって漏らした下痢便ウンコが後頭部に当たったに違いな～い! グワハハハハ～」

【姫の御触書】

テスト監督で二年の教室に行った。教室の前黒板には、テストを受けるときの心構えと注意事項が書かれていた。

①問題用紙が配られたら、ていねいに氏名を書きなされ。
②問題用紙に目を通し、落ち着いて進めたまへ。
（間違っていると思いながら見直しをしないとミスが見つからないぞよ）
③答え方（記号なのか・語句なのか）に注意したまへ。
④消しゴムや定規の貸し借りはできませぬ。
⑤下敷きも使えませぬ。あきまへん。
⑥人の答えも見てはなりませぬ。見て良いのは、自分の机と監督の先生のお顔のみ。

「なんだこりゃ？」
「担任の先生は、自分のことを〝姫〟って呼ばせてるんです」

【出欠黒板】

職員室内に出欠黒板があった。学級担任は朝のうちに、その日の遅刻・早退・欠席をする生徒名とその理由を書くことになっていた。

その日、二年男子生徒が右橈骨々折を理由に欠席だった。学級担任は出欠黒板の欠席理由欄に、〝欠骨〟と書いて感心された。

【やり直し】

日直になった生徒は、その日の帰りの会で承認をもらうことになっていた。

「今日の日直さんは不合格です！　明日もう一度やり直してください」

学級担任が日直にやり直しを命じた。心当たりがない日直は、

「え〜、なんで不合格なんですか〜？　訳を教えてください」

「今日のあたしの給食、大盛じゃなかったでしょう。だからやり直し。明日は忘れず大盛にしてちょうだい！」

【花粉症】

杉花粉に悩まされている同僚がいた。お父様も元教員で、退職後も矍鑠《かくしゃく》とされていた。

その年も杉花粉が飛び交う季節になった。花粉症の息子はだらしなく鼻水を垂らし、クシャミを連発するようになり、ティッシュ箱を手放せなくなった。矍鑠お父様は、そんな息子が気に食わなかった。

「お前な〜、花粉症になるってこたぁたるんでる証拠だぞ。俺のように気力が充実し、根性がある者は花粉症になどならない！　今から俺がやることをよ〜く見てろ！」

お父様は、車のボンネットに黄色く積もった杉花粉を右手人差し指の腹で大量に集め、それを鼻から勢いよく吸い込んだ。そして、

「どうだ凄いだろう？　俺はお前と違って根性があるから、こんなことをしてもなんともない。俺は気力が充実しているから、平気の平ちゃんなんだ。お前も俺を見習って生きろ。解ったか〜、ガハハハハ〜」

矍鑠お父様は、翌年からひどい花粉症に悩まされることになったという。

【十五秒】

職員会議前、パソコンに詳しい同僚が司会を務める教務主任に、

「パソコンウイルスについてみんなに伝えたいことがある。会議が終わってからでいいから、俺に十五秒ちょうだい」

「わかりました。よろしくお願いします」

職員会議が終わり、パソコンウイルスの話が始まった。腕時計のストップウオッチで時間を計ったら、四分〇八秒だった。

【背表紙】

教務主任が所有するフラットファイルの背表紙に、〝心労〟と書かれていた。

「〝心労〟と書かれたファイルには、どんな書類が綴じられているんですか？」

「このファイルのことですか？」

「そうです。そのファイルには先生の心労が綴じられているんでしょう？」

「いいえ、このファイルには〝進路〟の書類を綴じてあります」

【更生】

波勝崎の猿山を海に向かって下って行くと海岸近くにプレハブが建っていた。プレハブの中を覗くと、猿相悪い猿たちがいた。

「どうしてプレハブに入ってるんですか？」

と係員さんに尋ねると、

「ここに入ってる猿は悪いことしたんです。だから牢屋に入れられているんですよ」

「犯罪猿ですね。ここに入って猛省し改心した猿は、外に出してもらえるんですか？」

「反省する猿？　改心する猿？　更生する猿？　そんな猿はいません！」

【共通点】

社会科のA先生とB先生には共通点がある。二人とも水泳が苦手で、中学の時に水泳の補修を受けたことがある。

それから三十年経った今も二人には共通点があり、A先生は酒に溺れ、B先生はパチンコに溺れている。

【方言】

首都圏の四年制大学で教職を学ぶ実習生を三週間受け入れた。教育実習生と私が楽しく話をしていると、指導教官が私らの話に割って入り、

「先輩～、実習生におぞいこと教えんでくださいよ～」

と言った。すると教育実習生が、

「大学じゃぁ〝おぞい〟は通じませんよ。じゅるいも通じませんし、せいせいしんねえも無理ですね。しょろしょろとか○○っち（家）も通じません。えらいって言うと、『なんで偉いの？』って言われるんです。えらいっていう言葉はこの辺じゃぁ、疲れたっていう意味なんですけど、関東へ行くと、人が偉いって思うんですよね～」

ちなみに、おぞいは、粗悪な。じゅるいは、ぬかるんでいる。せいせいしないは、すっきりしない。しょろしょろは、ぐずぐず、のろのろ。えらいは、大変なとか、つらい、苦しいとい

う意味の方言だ。

【優秀作品】

幼稚園に通う愛息が描いた「ぼくのおとうさんとおかあさん」という題の絵が優秀作品に選ばれ、教育会館に展示されることになった。

「そうか、そうか。俺の息子が描いた絵が優秀作品に選ばれたか。俺の息子、たいしたもんだ」

「嬉しいわねぇ。私が産んだ子の作品が優秀賞ですって。きっとあたしに似たのよ。こう見えてもあたし昔から絵を描くのが得意だったのよ」

「なに言ってる？　お前じゃないよ。俺に似たから絵がうまいんだ。それにしても嬉しいなぁ。『僕のお父さんとお母さん』ていう題らしいぞ。きっと俺達のことを描いたんだぞ。どんな絵を描いたのかなぁ？」

大喜びのご大婦はもちろん、吉報を知った親戚衆も加わり、親族一同で優秀作品を見に行くことになった。

「あったぞ〜、お〜い、みんな〜、こっちだ〜。こっちにあるぞ〜」

大喜びで優秀作品の前に群がった親戚一同の目前には、大木（お母さん）に止まった小さなセミ（お父さん）が大きな鳴き声を上げているという優秀作品が展示されていたという。

【鍛える】

買ってから一度も洗ったことがない湯呑を使っている同僚がいた。その湯飲みは幾多の飲み物のエキスが積み重なり、内面が地層のようだった。

「この湯飲み、かなり汚れてますねぇ。たまには洗ったらどうですか？」

「汚れてるだと？　汚いから洗えだと？　馬鹿言うな！　この湯飲み、今はお湯を入れただけでコーヒーができるようになった。土鍋なんかもそうだ。お湯を入れて煮ると、すっぽんの味がしたり味噌の味が出てくるようになるらしい。俺はこいつをそうなるまで鍛え上げるつもりだ」

【チャイム】

本校はノーチャイム制だった。だがテスト日だけはチャイムを鳴らした。十月九日は定期テストだったが、一時間目、開始のチャイムが鳴らなかった。

「ちっきしょう〜、チャイムに触ったのはどこのどいつだぁ〜？　そいつにゃぁ蹴りを一億発入れてやる！　もう絶対触りませんって言うまで許しちゃやらん！　俺は昨晩チャイムが鳴るようにセットして帰った。なのにチャイムが鳴らない。今朝チャイムに触った奴がいるはずだ！　いったいどこのどいつが触っただぁ〜！　正直に申し出ろ〜！」

と叫びながらチャイムをセットし直したのは、教務主任だった。こんなに激高する教務主任

に、

「あのう……、すみませんでした。私が今朝チャイム機に触っちゃいました……」

などと申し出られるはずがない。そんなことを言ったら一億回蹴られる。

【九死に一生】

その日身長一八〇cm超えの長身キャッチャーKは練習に遅れ、ダッシュで部室を目指していた。するとユニフォームに着替え、グランドに出ようとしていた身長一五七cmのチームメートM（身長より打率が低い）が、走って来るKを見て、

「おいK！　なんでこんなに遅いだ！　チッ！」

と、とても毒々しい口調に舌打ちを添えて叫んだ。それを聞いたKは血相を変え、Mをロックオンし、手に持っていた鞄を放り投げ、両手でMの首を締め、金網に押さえつけながら持ち上げた。屈強なKに軽々と持ち上げられたMは、標本になったへっぴり虫のように金網に押さえつけられた。それを見て慌てたチームメートたちが、

「K！　やめろ～！　Mが死んじゃうぞ～！」

私たちは二人の間に強引に割って入り、二人を引き離した。私たちのおかげで、Mは生きて地面に降りることができた。

「ハァ……。ハァ……。ハァ……。ハァ……。ハァ……。ハァ……」

半死半生のMは、うずくまって膝をつき、苦しそう～な息を繰り返した（息ができただけ有

難いはずだ)。あ〜、よかった。周囲に落ち着きが戻った。

大事にならなくてよかったなぁ。……Mは九死に一生を得たな……。と、誰もが思った瞬間、息を吹き返して顔を上げたMが、

「勝ったね……」

と言った。

「はぁ〜ん……、勝ったねだと??」

その場にいた私たちは耳を疑った。首を絞められ宙に浮き、チームメートに救われた男の発言とは思えない。宙吊りにされ、あの世に行っていたかもしれないMがなぜ「勝ったね」などと……。Kに謝るべき男が、勝利宣言するたぁどういう神経の持ち主だ。その場にいたすべての人間がMの愚かさに呆れかえった。案の定、「勝ったね」を聞いたKは再びMに襲い掛かった。これまた当然だが、二人の取っ組み合いを止めようとするチームメートはもういなかった。

【時候】

「今頃の時候の挨拶は、どんなのがいいでしょうかねぇ?」

「初春の候ってのはどう?」

印刷室に入ると、

「先ほどはありがとうございました。わたくし時候の挨拶を〝春の訪れが待たれる今日この頃〟にしました」

「ほぅ、いいじゃないですか。素敵ですねぇ〜」

「ありがとうございます。〝貼るの？　股ズレが痛い京子です〟……」

「ガハハハハ〜、うま〜い。今のを時候の挨拶した方がいいんじゃないですか〜？」

【慰労】

二泊三日の宿泊体験学習を終え、疲労困憊で帰校した。迎えてくれた同僚が、

「四苦八苦体験学習、お疲れさんでした〜」

【休肝日】

「痛風がよくなるかと思って休肝日をつくってみたんですよ。でも飲まないで寝たら、金縛りにあったんです。禿げ頭で眼鏡をかけたおやじが突然俺に馬乗りになってきて腕を押さえられ、身動きできなくなったんです。そのおやじに、何をするんですか〜って叫んだんですが、まったく動こうとしないでニヤニヤしてるんです。押さえつけられたまんま、もがき苦しんでいたら、どういうわけか、俺が苦しんでたのを悟ったのかもしれないんですが、近くにいた二歳の娘が急に泣き出したんです。そうしたら俺の上に乗っかってたおやじが、ようやくどっかに行きました。恐かったですよ〜。そんなことがあったんで、もう休肝日をつくるのやめました」

【眼鏡】

妻が家に眼鏡を忘れ、実家へ泊まりに行った。夜八時過ぎに妻から、

「明日来るとき、眼鏡を持ってきて」

というラインがきた。忘れっぽい妻は、眼鏡を無くしたといっては見つけ、どこかに置き忘れたと言っては探し出し、青・赤・黒フレームの眼鏡三本を持っていた。どれを持っていっていいのかわからない私は三本並べた眼鏡の写メを撮り、

「ドレミファソラシド」

と送信した。妻から、

「ドシラソファミレッド」

という返信があった。

【早食い】

六月一日の給食は、厚切り食パン二枚、イチゴジャム、牛乳、白身魚のマリネ、枝豆のクリーム煮、ジューシーフルーツだった。その給食を、五分十三秒で平らげた同僚がいた。

【号泣】

「もしもし初めまして。○○先生のご主人でいらっしゃいますか？　電話で失礼いたします。私○○小学校の教頭ですが、大変なことになりました。たった今奥さんが子どもに大けがさせちゃったんです。子どもは今、救急車で病院に運ばれました。いやぁ～まずいことになりました。校長に代わります……」

「校長です。参りました。困りました。子どもの怪我は、完全に奥さんの過失でして、奥さんをかばうことはできません。今教育委員会に報告して善後策を練ってるんですが、弁護士の見解だと裁判になるはずだって言うんです。裁判になったときは、訴えられた職員が裁判費用を全額自己負担することになります。百万単位の裁判費用が必要になったという前例があるようでして。大変言いにくいのですが、早急に裁判費用の準備をしていただきたいんですが、よろしいでしょうか？」

「わかりました。ご迷惑をおかけします。もちろん裁判費用は私どもで全額負担いたします。妻に電話を代わっていただけませんか？」

「わかりました。奥様に代わります……」

「お父グェさエ～ン！　ん。どヒックうエ～ン！　しグェよう～！　エ～ン！　エ～ン！　ワ～ン！　。エ～ン。あたし……、子どもにエ～ン大けがエ～ン。させグワちゃグワッって……。ワ～ン、ワ～ン」

号泣し、何を言ってるかわからない妻の泣き声を聞いたご主人は、こりゃ偽者だ、詐欺だ。

家のがこんなことで泣くはずない。あ～、危ねぇ、危ねぇ。もう少しで詐欺に引っかかるところだった。

【フォアグラ】

「フォアグラって知ってる？」

「あれでしょう。鵞鳥《がちょう》の卵かなんかの、珍味でしょう？」

「鵞鳥？　フォアグラは駝鳥《だちょう》の卵じゃぁないだか？」

「え～、鵞鳥じゃぁないだ～？」

「鵞鳥ってのは小さくてさぁ……」

「それは駝鳥じゃぁないですか？」

「小さいのが駝鳥じゃぁないんですか？」

「だから、大きいっていうのがどれっくらいをいっているのか分からないんですよ……」

「なに言ってるだ～、身体がでかくて頭がはげてるのは鵞鳥だ」

「え～っ、そうでしたっけかぁ……。駝鳥が大きくて鵞鳥が小さいだら？」

「そうじゃぁあらすか～、駝鳥が……」

「もうどっちでもええわ～」

【通販】

大学時代にもっと背丈が欲しいと思った同僚は、一粒五百円、十二粒で六千円もする牛骨トローチを通販購入した。期待を込めて飲み続けた同僚だったが、な～んの効果もなかった。しばらくすると、その通販会社が詐欺で訴えられたというニュースが彼の耳に入った。

【大好き】

「家の子が先生のことを大好きだって言ってました」

「ありがとうございま～す。息子さん嬉しいこと言ってくれるねぇ～」

「家の子、動物とか昆虫とか怪獣とか妖怪が大好きなんですよ～」

【あだ名】

〝ケロヨン〟というあだ名がついた同僚がいた。

サッカーやってるときその同僚は「蹴ろ！　蹴ろ！」と叫んだ。

【タイムマシーン】

女子バレーボールの大会。

「タイム！」「タ〜イム！」「タイム、お願いしま〜す！」

私たちは、外部指導員の指示に従い、タイムを取るだけが仕事の素人監督のことを〝タイムマシーン〟と呼んだ。

【靴下】

「う〜ん。よくよく考えても〝靴下〟という名前は変だ。〝靴上〟か〝足下〟のはずだ……」

【給食だより】

今日は冬至ですね。冬至は、一年の中で、昼が一番短くて、夜が一番長い日です。冬至には「ん」のつく食べものを食べると「運」が呼び込めるといわれています。にんじん、だいこん、れんこん、うどんなど、「ん」のつくものを「運盛り」といって、縁起をかついだのです。冬至にはかぼちゃを食べますが、かぼちゃは別名「南瓜《なんきん》」といいます。かぼちゃにも「ん」がつきます。

この給食便りを読んだ同僚が、

「やった〜、あたし今日の晩御飯、天津飯にしようと思ってたんだ〜。〝てんしんはん〟だから〝ん〟が三つも付くわ〜」

【腹痛２】

「お腹が痛くて立っていられない……」と、歩きながら呟いた同僚がいた。

【純真無垢】

「先生さっきは嬉しくて、カニ歩きをしたんですよね？」

「そうだよ。今日は花金で嬉しかったからね。でも実は俺、カニ歩き病なんだよ。時々カニ歩きをしないと心が落ち着かなくなって暴れちゃうんだ。病院行って診てもらったら、カニ歩き病だって言われた。このことは、みんな知ってる。俺はこれからも時々カニ歩きするけど、流していいでね……」

「カニ歩き病？　ですか……。わかりました。お大事にしてくださいね……」

「先生〜、あたしらもうどうなっても知らないよ〜。あの子本気で信じてたからね〜」

【助け舟】

今夕通夜がある。まだ薄暗い朝、大急ぎで礼服、ワイシャツ、黒ネクタイ、タイピン、黒靴下、黒革靴を持って家を出た。

勤務時間が終わり、職員更衣室で礼服に着替え始めたのだが、

「やいやい、靴下間違えて持ってきちゃった……」

用意した靴下は三女の黒ハイソックスだった。

「仕方がねぇ、素足で行くよりましだ……」

私は窮屈な靴下を履いて通夜に行った。

通夜が終わって帰宅し、玄関で塩をかけてもらい、家に入って礼服を脱ぎ、脱いでポケットに入れておいた三女のハイソックスをソファ上に放り投げた。

「キャーッ！　お父さんが私の靴下履いた〜。あ〜ん、ぜったい嫌だぁ〜！　買ったばかりでまだ一回しか履いてないのにもぅ履けな〜い！」

「ごめんごめん。今朝間違えて持ってっちゃっただよ……」

「あーんやだぁ〜、その靴下捨てるから、新しいの買って〜」

台所にいた妻が……、

「靴下履いたくらいなら良いじゃん、お父さんあんたのパンツ履いたわけじゃぁないでしょう
……許してあげな」

「そうだそうだ〜、お母さんの言うとおりだ。お父さんはお前のパンツ履いたわけじゃぁな〜

い！　そんな大騒ぎするな～！　ガハハハハハ～」

【いちばん】

「今日の晩御飯は、お前がいちばん好きな店へ行って、お前がいちばん好きなものを食べような！」

「ありがとう。お父さん、優しいねぇ～」

「俺は自分のことは二の次さ。いつもお前のことをいつもいちばんに考えてるんだぞ！」

「それじゃあ、あたしと一緒じゃん！　あたしも自分のことをいちばんに考えてるだよ」

【犬種】

「先生の眉毛って家で飼ってる犬の眉毛にそっくりです」

「へぇ～、犬種は？」

「ミニチュアシュナウザーです」

【同時】

咳とおなら、あるいはくしゃみとおならを同時に出したことがある人はいるはずだ。

だが私は、ゲップとおならを同時に出した人を目撃したことがある。

【道徳】

道徳の授業を終え、休憩室に入ってきた大先輩が大きなため息をつきながらソファに腰を下ろした。なにかあったに違いない。

「どうしたんですか？」

「あのな、今やった道徳で女生徒を泣かしちゃっただよ……」

「道徳の授業で女生徒を泣かした〜？　先生、今日の道徳は男女交際ですよ」

「そうだよ。男女交際の内容でやってきた……」

「ということは……、男女交際の授業で女生徒を泣かしたってことですよね……」

「先生、凄いですねぇ〜。よっぽど感動的な授業をやったんでしょうね？」

「どんな授業をやったんですか？　どんな話をしたんですか？　ぜひ教えてください！」

「あのな、教室の一番前に座ってる女生徒に、お前は俺の昔の彼女に似てるって言っただよ。そしたら机に突っ伏して、声出して泣き出した……」

「……えっ？　……」

「先生本当にそんなこと言っちゃったんですか？　若くて格好いい先生に言われるならまだしも……、白髪交じりのじじいにそんなこと言われたら泣くに決まってるじゃないですか！」

「女生徒が泣いたって聞いたのでてっきり感涙かと思ったら……。それじゃぁ悔し泣き？　怒り泣き？　悲し泣き？　憎しみ泣き？　どっかに行っちゃえ泣き？　ふてくされ泣き？　ってことじゃあないですか～。な～んだそんな涙だったのか～。ガハハハハ～」

「それにしてもよくそんなこと言いましたねぇ～。相変わらずデリカシーのかけらもない発言ですよねぇ～。あ～ぁ……、女生徒がかわいそうだ。大丈夫かなぁ……。その生徒ショックを受けて早退したんじゃないですか？　ガハハハ～」

「な～んだ、そんな泣かせ方だったんですかぁ～？　期待した俺たちがバカだったな。そんなのぜ～んぜん参考にならないじゃん。ガハハハ～」

「ありがとうございます。僕は絶対そんな愚かなことは言わないって肝に銘じることができましたよ。ガハハハハ～」

【ゲップ】

妻がミルクを飲み終わったばかりの初孫を抱っこして、背中をトントンしていた。

「グプッ……」

「お～、出まちた、出まちた～。かわいちいゲップが出たっけねぇ～。おりこう～、おりこう～。フフフッ～」

「おい、今のはゲップじゃないぞ。俺の屁だ。アハハハハハハハハ～」

「……チッ……」

【誕生日】

誕生日が二月二十九日の同僚がいた。

「あたし四年に一回しか誕生日が来ないから、まだ十三歳なのよね」

【茶道教室】

茶道教室は本格的な施設が整う茶道部屋で実施された。生徒らは着物姿の講師の説明に続き、講師が淹れてくれた抹茶と、ひとつ三百円もする和菓子をいただいた。和菓子の甘さと抹茶の渋苦さ。その絶妙な味バランスに生徒からも、

「とてもおいしゅうございます！」

というおしゃれな言葉が聞かれた。しかし、やっぱり長時間の正座は苦しかった。足はしびれて感覚がなくなり茶道教室が終わると、立てない生徒が続出した。そこで一句。

「抹茶味（み）と　正座の痛さに　しびれます」

【とんかつ定食】

妻ととんかつ屋へ行って税込み千百円の定食を注文した。しばらくすると店員さんが来て、

「胡麻を擂ってお待ちください……」

と言って、胡麻が入った小擂鉢を置いていった。私たちは、

「いつもありがとう！」

「こっちこそだわよ……」

「いつまでもスマートだね。体型がちっとも変わらない……」

「あなたこそ……」

「いつも優しいね……」

「あなたも……」

「明るくて元気なところが嬉しいよ！」

「あなたにそのままお返ししますわ……」

「君のおかげで毎日が楽しいよ。ありがとう！　これからもよろしく」

「みんなあなたのおかげよ……」

「君のおかげだよ……」

「あなたのおかげだってば……」

私たちは店員の言いつけ通り、胡麻を擂りながらとんかつ定食を待った。

【京《けい》】

日本が世界に誇るスーパーコンピューター〝京《けい》〟が本格始動することになった。その日のニュースで、

「京は、世界七十億の人々がひとり一台ずつ電卓を持って計算し、十四日かかる計算を、わずか一秒で終わらせることができます」

と、その信じられない高性能を紹介した。

「ヒェ〜、七十億人が電卓持って計算するってか〜、電卓持ってどんな計算するのか知らないが、その計算をたったの一秒でってか……。凄いなぁ……」

【焼香】

「一昨日、親族の七回忌があったんですよ。家族で焼香したんですが、娘がやり方知らなくて……。兄さんに聞いたら、臭いを嗅いでからやるだよって教えられて、娘は臭い嗅いでから焼香しました。息子はものすごい量の焼香焚いて、あんまり多いもんで大丈夫かなって見てたんですよね。俺の番になって見たら、半分くらい無くなってたんです。俺が焼香したら、ものすごい煙が上がって警報機が鳴り出したんですよ。七回忌だっていうのに大爆笑でした」

「へぇ〜、焼香の煙で火災警報機が鳴った？　そんなことあるだなぁ……」

【フライパン返し】

「フライパン返しっていう道具があるけど名前が変だ。フライパンを返したら、せっかく作った料理が床に落ちて食べられなくなっちゃう。フライパン返しは、フライパンに乗せて調理した料理をひっくり返すための道具だから、正確には〝フライパンの中の料理をひっくり返し〟だな」

【黒板消し】

「黒板消しっていう名前も変だ。誰が考えたって黒板消しが黒板を消せるはずがない。黒板消しの本名は黒板に書かれたチョーク消しだな」

【おみくじ】

「昨日鎌倉行って、おみくじ引いてきたんですけど読んでみてください……」

・あなたは精神的な喜びにあなた自身を解放することのできる人です。
・あなたはあなた自身の健康を、家の中に閉じこもりがちなあなたの性格によって、損なう危険にさらされています。
・あなたは贅沢な物事や人目を引く行為や高価な物に気をとられやすい人です。
・あなたの未来を左右することになるかもしれない間違いを見つけ出す努力をすることが決め手となるでしょう。
・あなたは時として深く感動することができない人のように感じられ、ほとんど心といったものをもっていない。そんな風に思わせることがあります。

・あなたは恋愛についても友情においてもたいへん誠実で正義感をもっていますが、時として限度を超えることがあります。
「ひどいと思いませんか?」

【出勤簿】

「皆さん、毎朝出勤簿に印を押してますか?」
「そんなこたぁ、当たり前田のクラッカー、当然グリコのおまけ付きですよ」

【研修会】

校内研修でSGE(構成的グループエンカウンター)をやった。その日の研修で使った資料は、「無人島SOS」だった。
「仲間と船に乗っての旅行中のことです。大きな嵐が突然やってきて仲間が乗った船が粉々になってしまいました。乗客は、壊れた船の破片につかまって、小さな無人島にたどり着きました。島には食べ物と水はありますが、他にはなにもありません。こんな環境のなか、あなたが生き抜いていくためにはなにが必要ですか? 次のアイテムの中からあなたが必要だと思うアイテムを八つ選んで、必要だと思う順に番号をつけてください。それが終わったらグループごとに話合い、グループとしての優先順位をつけてください」

①ナイフとフォーク。②マッチ。③鍋。④斧。⑤ロープ。⑥お酒。⑦海図。⑧テント。⑨毛布。⑩時計。⑪発電式ラジオ。⑫薬。⑬鉛筆と紙。⑭防水型懐中電灯。⑮鏡。⑯望遠鏡。⑰カメラ。

「俺はそんなもんいらん！」

【雷】

「練習もう終わり？」
「ええ、雷が鳴ったから終わりました」
「雷が鳴ったくらいで練習終わるんじゃぁ情けないじゃん！」
「サッカーの試合では雷が鳴ると即中断するんですよ。その後二十分間、雷が鳴らなかったら再開するんですが、二十分の間に雷が鳴ると試合はできないんです」
「へぇ～、そうなんだ。そいじゃぁサッカーの試合中に監督が雷落としたらどうなるだ？」

【成績】

運動が苦手な同僚がいた。だがそんな同僚の女子高一年一学期の体育の成績が「10段階で

8」だった。その成績を見たご家族が、

「こんなばかなことがあるはずない。なにかの間違いだ」

「そうよ、そうよ。あんたが体育で8なんていただけるわけないわよ。あんた中学校のときには10段階でいつも3か4だったじゃない。お母さんもお父さんと同意見。きっと何かの間違いよ！」

「悪いことは言わん。明日この通知表持って体育の先生のところに行って見ていただきなさい。8は他の生徒の成績に違いない」

「おはようございます。先生ちょっといいですか？　あたし今までに体育でこんな良い成績いただいたことありません。家族からも言われたんですが、何かの間違いではないでしょうか？」

「間違いじゃないよ。君の黒髪がとっても素敵だから8にしたんだよ」

【注意書き】

家族で動物園に行って、山羊を見ていた。山羊が入っている柵には、

> 山羊に紙を与えないでください。食べてしまいます。

と紙に書かれた注意書きが貼られていた。山羊は家族が見ている前で、その注意書きを食べちゃったという。

【数の子】

「あたし新婚のときは数の子食べたんですよ。数の子ってイクラなんかと違って、食べる時音がするじゃぁないですか。数の子食べる音を聞いた旦那が品がないって言ったんですよ。品がないって言われたって数の子食べる時に音はするでしょう？　あたし頭にきちゃってねぇ。あとになったら旦那が、ごめん、数の子食べる時は音が出るねって謝ってくれたんですけどね。あたしそれから数の子食べなくなったんです」

【ねぇ】

「三重県じゃぁ〝ねぇ〟っていう言葉は女言葉なので、男の人は絶対使わないんですよ。ところが静岡来たら男の人たちが〝ねぇ○○〟とか〝○○じゃんねぇ〟なんて平気で言ってるから驚きましたよ〜」

「へぇ〜、三重県の男衆は〝ねぇ〟って言わないんですか。なるほどねぇ〜」

【しりとり】

「今日の国語の授業で体言と用言の勉強をしたんですがね、授業が終わる頃になったら生徒が、体言使ってしりとりやりたいって言い始めたんです。でも時間かかるから授業が終わっちゃうかも知れないぞって返したんですが、ど〜してもやりたいって言う生徒が多くて、じゃぁやろうってことになったんです。しりとりの最初の生徒が、一番最初の生徒がですよ、いきなり〝黒板〟て言ったんですぐ終わることができました。教師思いの生徒でしたよ〜」

【地鎮祭】

「こないだ地鎮祭をやったんですよ。稲持って作り物の鎌を持って、エイ！　エイ！　エイ！　って掛け声掛けながら稲を刈る真似をやったんですよ。僕は慣れてないし恥ずかしかったので、力強くできなかったんですが、頭領さんは慣れてるもんですから、砂で盛った山を鍬で削るとき、エイ！　エイ！　エ〜〜イ！　って、もの凄く力が入ってさすがだなぁって感じました。僕の聞き違いだったのかも知れませんがね、頭領が二礼二拍手して最後に一礼したとき、プッていうおならの音がしたんですよ」

【手伝い】

四月になった。もうすぐ新年度が始まる。毎年のことだが、我々は新年度の準備で、とても忙しかった。

「あ〜、忙しい！　忙しい！　猫の手も借りたいくらいだ〜」

「俺にできることないか？　俺にやれることがあったら遠慮なく言ってよ」

「あります、あります。お願いですから僕たちに話しかけないで下さい」

【時速】

「ありがとうございました」

「とんでも八分、歩いて十五分だよ」

と答えた同僚と、

「とんでも八分、歩いて二時間だよ」

と答えた同僚がいたので数学科の同僚に計算してもらった。

「あのさぁ、A君は時速四キロで十五分歩いた距離を走ったら十五分かかりました。B君は時速四キロで二時間歩いた距離を八分で走りました。A君とB君はそれぞれ時速何キロで走ったことになる？」

「Aは時速七・五キロ、Bは時速六〇キロだな。Bは時速六〇キロだぞ。カール・ルイスでさえ時速三六キロくらいだっていうから、こんな人間いるわけない！」

【お芋】

合言葉を「お寿司（お押さない。す素早く。ししゃべらない）」にして避難訓練を実施した。

「え〜、合言葉がお寿司ですか？　僕が小学校の時は、〝お芋〟って言ってましたけどねぇ……」

「合い言葉がお芋？　ガハハハ～！　お芋を食べておならプ～ッってか？」

「小学校の時は確かお芋でしたよ。㋔押さない。㋑言わない。㋲戻らないっていう合言葉でしたよ」

「俺は芋より寿司を食べたいな」

【発泡剤】

「最近旦那が健康診断受けたんです。バリウム飲む前に発泡剤っていうのを飲んで胃を膨らませますよね。旦那ったら発泡剤を二回も飲んだんですって」

「我慢できずにゲップしちゃったんでしょう？」

「ゲップじゃないんです。おならが出ちゃったんですって……」

「えっ、ということは発泡剤を飲んだあとおならをしちゃだめなんですか？」

「ええ、そうみたいですよ。プッ……」

【つまみ】

「今でもわからないのが、おかずとつまみの違いなんですよ。旦那は毎晩晩酌を欠かさないんですけどね。つまみを出したつもりでも、こりゃおかずだなって言うんですよ。あたし未だにおかずとつまみの違いが分からないんです。教えてください。おかずとつまみの違いってなんですか？」

「おかずとつまみの違いはなに？」

「つまみは副菜じゃないの？」

「お酒があればおつまみじゃんね」

「ほいじゃぁおでんはつまみ？」

「う～ん、こないだラジオでやってたっけねぇ。そのときは確か、おでんはつまみにはなり得ないとかなんとか言ってましたね」

「そうか、それじゃぁおでんはおかずか……」

「でもおでんはお酒に合いますよね」

「それじゃぁおでんはつまみってことか……」

「枝豆は？　つまみ枝豆っていう芸人がいるくらいだからつまみか？」

「枝豆お弁当に入れることもあるから、おかずじゃないの？」

「家の娘は枝豆大好きで、デザートだって言って学校へ持って行きます」

「へぇ～、それじゃぁ枝豆はおかずにもつまみにも、デザートにもなる」

「結局は、個人的見解じゃないのかなぁ」

【がさつ】

二年主任は、明日一日出張だった。

「私、明日学校へは来ませんから、朝のお勤めお願いします」

「わかりました。先生のようにできるかどうかわかりませんが、学年階の窓は開けます」

「今朝二年階の窓開けやってくれたのは先生ですか？」

「そうだよ。お礼なんてやめてよ。俺は昨日主任に頼まれてやっただけだから大騒ぎしないで……。恥ずかしいからみんなには秘密にしといてよ」

「そうじゃないんですよ！　窓を開け過ぎて風に煽られた掲示物が剥がれちゃって、直すの大変だったんです。いちいち貼り直しましたよ。なんであんなに全開にしちゃったんですか？　困るなぁ～、なぁ～みんな～、今朝掲示物剥がれちゃって直すの大変だったよなぁ～」

「そうだ、そうだ～、大変だった～」

「先生は二年主任と違って、やることががさつなんですよ～」

【縁起】

もうすぐ新学期だ。

「学年費で生徒用フラットファイルを購入したいので、物品購入伺に認印ください」

「はいよ」

購入予定品の写真が添付された物品購入伺書を見ると、「フラットファイル　P777　価格8888」と書かれていた。

「うわぁ〜、こりゃ凄い。載ってるページが〝777〟で要求金額が〝8888〟円だぁ〜。新年度早々縁起が良いねぇ〜」

【過去問】

教員採用試験を受ける同僚にとって、過去問をやるのは必須だ。

「からだの各器官は、①チョメチョメに伴って発育・発達する。からだの各器官の発育・発達の時期や程度には②チョメチョメがある。思春期には、骨や筋肉、呼吸器、③チョメチョメや、生殖器などが急速に発育・発達する」

その年の採用試験を受ける講師の同僚は、先輩に頼んで（　）内に適当な言葉を入れる過去問に挑戦していた。［答　①年齢　②個人差　③神経］

「あのさぁ〜、まだ昼間だから、チョメチョメはまずいんじゃないか？」

「確かにチョメチョメだと、夜の感じがしますね……」

「ホニャララにした方が良いんじゃない」

【学校訪問】

「みんな聞いてくれ〜。今日の授業はたくさんのお客様が来て、私たちの授業を見てくださる。お客さんが来たら明るく元気な挨拶してくださいよ」

「ハ〜イ、わかりました〜」

予定通り授業後半に管理主事一行様がハンドボールの授業を見にきた。しめしめ、日頃の行いがいいから、最高のタイミングでお見えになった。

「先生〜、たいへんで〜す！」

その叫び声に振り向くと、たくさんの女生徒が集まり輪になった中央に座り込んで額に手を当てる女生徒が見えた。

「どうした？　何があった〜？」

「試合中に、頭と頭がぶつかりました！」

近づいて見ると、生徒の額にピンポン玉級のどでかいたんこぶができていた。

「うわぁ、こりゃ大変だ〜。誰かに付き添ってもらって、すぐ保健室へ行け！」

「あたしが一緒に行きま〜す！」

「頼むぞ〜！」

額に見たこともないような大きなたんこぶを作った女生徒は、保健委員に肩を担がれ、総括管理主事様ご一行様と共に、保健室に向かって行った。

【誉め言葉】

女性同僚が可愛い襞襟《ひだえり》がついた服を着て出勤してきた。

「おっ、今日のお洋服ステキですね。シンデレラみたいですよ」

「お似合いですね～。まるでフランシスコ・ザビエルみたいですね」

「おいおい……フランシスコ・ザビエルは誉め言葉にならないら……」

【Pepper 教室】

技術科で「Pepper プログラミング体験教室」が実施された。金工室に行ってその Pepper 授業を覗いてみた。Pepper 君は、生徒を相手に踊ったり話をしたりしていた。彼は時給一五〇〇円で働いているということも知った。

「時給一五〇〇円か～、いいなぁ～、代わりたいなぁ～」

【摩訶不思議】

毎朝六時に出勤してくる同僚がいた。

「時々なんですがね、不思議なことがあるんですよ。僕が学校に来たとき、トイレの電気が点いてることがあるんです。この学校のトイレって人が入らないと電気が点かないじゃないですか。もしかしたら誰かいるのかもしれませんねぇ……」

「うわぁ〜やめてくれ〜。俺はそういう話は苦手だぁ〜」

【クラウチングスタート】

地球温暖化のせいだろう。今夏も猛烈な酷暑続きだ。摂氏四〇度にも迫ろうかという酷暑の中、県営陸上競技場で中体連陸上競技県大会が行われた。大会役員で陸上競技場にいた同僚の目撃情報によると、

「クラウチングスタートのとき、手や膝をアンツーカーに着けるじゃん。だけど、熱がって静止できない生徒がいたっけよ」

【本当の話】

「先生、本当の話を聞いてください！」

「はいね！」

「母が〝あたり前田のクラッカー〟って言ったんですよ。それを聞いた娘たちが、なにそれ？　って聞き返したんですよ。母は、知らないなら買ってきてやるって言って、近くの店で前田のクラッカーを買ってきて娘らに見せたんです。前田のクラッカーを見た娘たちが、『おばあちゃん、それクラッカーじゃないじゃん。食べもんじゃん。クラッカーっていったら、お

祝いの時やお祭りの時に紐引っ張ってバーンって鳴らす、とんがり帽子みたいなやつだよ』って言って、母を責めたんですよ……」

「そうか、娘さんたちは宴会で使う花火のクラッカーだと思ったたな?」

「そうなんですよ〜。うちの母親ったら本気で怒っちゃって。どう思います?」

「ガハハハハ〜いいねぇ〜、素晴らしいおばあちゃんじゃん」


【伝説】


「四組のナレーターは誰になったんですか?」

「〝ひめか〟だよ」

「ひめか? ……ひめかって、どんな字でしたっけ?」

「女のまた」

「はぁ〜ん? 〝女のまた〟……?.?」

「今、〝女のまた〟って言いましたよね?」

「あらやだ、恥ずかしいわ」

「言った、言った、確かに言った。神聖な職員室でなに言ってるだ!」

「〝女のまた〟ってどういうことよ? びっくりしちゃうじゃない……」

「だいたい〝女のまた〟なんていう字があるわけないじゃん」

「そうですよね。女にまたならまだ分かりますが、〝女のまた〟って言うから、よけいにおかしくなるじゃないですか～」

「そうだな。女にまたならまだ良いけど〝女のまた〟はないな！」

「そうだそうだ。その字を黒板に書いてみろ～グワハハハ～」

「よりによって〝女のまた〟とはなぁ～！　ガハハハ～！　あ～おかしい……」

「笑いすぎて腹筋が痛くなっちまった～！　どうしてくれるだぁ～」

「そうだそうだ、責任取れ～！」

「これからは先生のことを〝女のまた〟先生と呼ばせていただきます！」

「それだけはやめてぇ～！」

三年四組の学級担任は、〝妃〟という字を〝女のまた〟と表現した。

【偽名】

家族でご飯を食べに行列ができる人気店に行くことがある。人気店故すぐ席に着けず、順番待ちの名簿に名前と人数を書いて呼ばれるのを待つ。

「三名でお待ちの、大谷さ～ん」

「おふたりでお待ちの、郷さ～ん」

「四人でお待ちの、原さ～ん」「沢田さ～ん」「福山さ～ん」「東海林さ～ん」「吉永さ～ん」

「高倉さ～ん」「藤井さ～ん」

過去に私はこのような偽名を書いたことがある。残念なのは、この楽しみを妻が理解しない

ことだ。偽名を呼ばれると妻は、

「お父さん、またやったね。今日で止めなよ」

と言っていた。だが継続は力だ。それ以降も偽名を繰り返すうちに妻は、

「お父さん、今日はなんて書いた？」

と偽名を期待するようになってきた。

【教科書】

「先生、あたしの理科の教科書がどっかにいっちゃいましたが、先生ご存じないですか？」

「はぁ〜ん？　理科の教科書無くした〜？　なんで俺に聞くだ？　俺が知ってるわけないだろうが！」

「あのぅ、前の時間に先生がちょっと貸してって言ったので、お貸ししたような……」

「知らないよ〜んっだ！　わたくしぜ〜んぜん覚えておりません。お前の教科書借りた覚えなんか記憶にございませ〜ん。もう一度しっかり探してみろ！　ったくぅ〜」

放課後の職員室。

「おかしいなぁ……、どういう訳か生徒の教科書が俺の鞄の中に入ってる……」

【紅葉】

「先生、こないだ紅葉見に行ってきたんでしたっけ?」

「行ってきたよ。だけどまだぜ〜んぜん色気づいてなくてさぁ、がっかりしちゃった」

「まだ青いっけだね!」

【フライパン】

「あたし、妹にフライパンで頭を叩かれたことがあるんですよ」

「え〜っ、ほんとうにか〜! あの優しくておしとやかで品があって美しい妹さんにか? あんたが悪かったに違いない!」

「親子喧嘩でした。あたしと母親が喧嘩して、こうやって取っ組み合いになって、あたしが母を冷蔵庫に押しつけたんですよ。そしたら母も反撃してあたしを押し返してきたんです。そんな喧嘩してたら、妹が母を助けようとして、フライパンであたしの頭を後ろから思いっきり叩いたんですよ〜。フラフラしちゃって倒れそうになりましたっけ……」

【腰痛】

生徒指導主事が腰を痛めて早退した。学校を出る彼に、

「なにやって腰を痛めたっけだ？」

「恥ずかしくて言えない……」

彼は興味をそそる言葉を残して早退した。

「生徒指導主事が腰痛で早退したの知ってる？」

「知ってます。あたしなんで腰痛になったかも知ってるよ」

「なんでも恥ずかしいことやってて腰痛になったらしいね……」

「ふ～ん……、そう言った。確かに恥ずかしいわね……」

「なにやったっけだ？」

「絶対に人に言っちゃぁだめって口止めされてるから、口が裂けても言えません！」

「口止めされてる？　そんなこたぁどうでもええよ。絶対の絶対の絶対に誰にも言わないから教えてよ～ん。ね～ってばぁ～」

「誰にも言わないんだったら教えてやろうかなぁ。あのね、相撲に関係がある」

「相撲に関係ある？　わかった。四股《しこ》を踏んでいて痛めた……」

「ブーッ。四股じゃぁありません！」

「ほいじゃぁ蹲踞《そんきょ》の姿勢を取ったとき……」

「ブーッ、それも違います」

「ほいじゃあ、壁に向かって、てっぽうの練習をやってた……」

「それも違います……」

「誰かの真似をしてたんですが、誰の真似をしたんでしょうか？」

「真似した？　え〜と……白鳳？」

「もっと特徴のある人です」

「そう言われてもなぁ……。わからないなぁ……」

「正解は、高安です。高安は仕切りの時に、こうやるでしょう！」

相撲愛好家の女性同僚は高安関が勢いよくまわしを叩くジェスチャーで教えてくれた。

「そうか〜、それやって腰を痛めただか〜。ガハハハハハ〜。高安か〜、高安のまねして腰を痛めたっけだか〜。こうしちゃぁいられねぇ！」

「嘘つき〜、内緒にしとくって言ったばっかじゃない〜」

「俺、そんなこと言ったっけか？　ガハハハ〜。ねぇねぇ分かったぞ〜。なんで生徒指導主事が腰痛めたか分かったぞ〜」

【電話】

「さっき保護者から電話がかかってきたんですがね、『今日、子どもに水筒持たせたけど、中身が熱かったから冷まして飲むように伝えてください』っていう電話だったんですよ。中学生にもなっていちいちそんなことで学校に電話かけてくる親がいるんですからビックリしちゃいますね〜」

【MP】

MPは、言わずと知れたモンスター（Monster）ペアレンツ（Parents）のことだ。

「聞いて呆れるMPからのクレーム集」

①うちの子どもを上半身裸でプールに入れて、盗撮されて変な目的で使われたらどうするんだ。②娘がアイドルになりたがっている。日に焼けると困るので窓際の席にしないで欲しい。運動すると筋力がついて太くなるので、体育は見学させてほしい。③うちの子は掃除や給食の当番はできないが、責めないで欲しい。学校が当番をやらせようとするのが理解できない。もっと大事なことに力を入れて欲しい。家では良い子で目が輝いているのに、学校では別人みたいだ。学校は子どもの目が輝くようなことをやるべきだ。④うちの子にも賞状をください。もらっている子がたくさんいるのに、うちの子はまだもらってないんです。⑤朝礼の時に態度が悪かったので名前を言って注意したら、「なぜみんなの前で叱るんですか？　うちの子は後でそっと話してくれたらわかる子なんです」。⑥歌やお遊戯を教えると、家に帰ってきて練習するからうるさい。そんなことより、計算や漢字を教えてほしい。⑦宿題をやってこなかった子どもを注意したら、子どもが精神的にショックを受け、鬱《うつ》になったから責任とれ。⑧子どもが風邪をひいて出席できないので、学芸会の日を延期して欲しい。⑨いじめが原因で転校するので交通費を出せ。⑩子どもの水筒に名前を書いたのでネットオークションに出せなくなったから弁償しろ。

【目は口ほどにものを言い】

「お迎えの時間を間違って伝えてすみませんでした」

「そんなこと気にしなくてイーデス・ハンソン」

「……？　……？　……」

「もしかしたらイーデス・ハンソンていう人知らない？」

「えぇ知りません。どなたですか？」

「この人だよ！」

「ものすごい美人じゃぁないですか～」

「あぁ、先生みたいにとってもきれいな人だよ！」

「なにお世辞言ってるんですか～」

「目は口ほどに物を言うという言葉がある。嘘だと思うなら俺の目を見てみな」

「やだぁ～、白目になってるじゃないですか～」

【大丈夫】

いじめを話題に井戸端会議をしていた同僚が仲良しのママ友から、

「あんたは大丈夫でしょうね？」

「あたし？　あたしは大丈夫よ～。心配してくれてありがとう～アハハハ～」

「あんた、もしかしたらいじめられる側で心配されてるって思ってるんじゃない？　あたしは、あんたがいじめる側じゃないかって心配してるのよ！」

【愛と恋2】

ＳＣ（スクールカウンセラー）に、愛と恋の違いを尋ねた。彼女は、

「愛は育てるもので、恋は落ちるもの……」

と、聞く者をゾグゾグさせるさせるような違いを言った。帰宅して妻に同じ質問をしたら、

「鯉は魚で、あいは鮎に似てるけど魚じゃない」

【初島】

同僚ご夫婦が、三連休に初島に行った。

「今日は美味しいものをお腹いっぱい食べて、ゆっくりお風呂に入って初島を楽しもうな！」

「えぇあなたそうしましょう。温泉を、そして旅を満喫しましょうね。ウフ……」

「ルルル〜ン！　ラララ〜ン！　お風呂〜、お風呂〜っと。若くて奇麗な女の子が、間違えて男湯に入ってたりしたらどうしよう。ガハハハ〜、さすがにそんなこたぁないか。よ〜し今日は、時間をかけて身も心も徹底的に洗いまくるぞ〜」

脱衣所に入ると、

「なっ……、なんでこんなに混んでる？　空いてる脱衣籠がないじゃん。え〜っと……、あったあった〜。ラッキーはつむじ風〜。ひと籠だけ空いてたわい。日頃の行いが良いから最後の籠をゲットできただな。それにしても混んでるなぁ、きっと人気の風呂なんだろう」

「ランランラ〜ン！　よっしゃぁ〜！　準備ＯＫ牧場だ〜！」

　素っ裸になって露天風呂に行った同僚だったが、

「うわぁ〜、風呂の中も洗い場も、若い男衆だらけじゃん。こりゃいったいどういうことだ？　まるで通勤時間の男子専用山手線じゃん。しかも若い男衆ばっかりで、中高年は俺だけだ〜」

　超満員御礼の露天風呂を出て部屋に戻り、風呂の様子を奥様に話すと、

「えっ、本当に？　男湯って、そんなんだったの？　女湯なんかあたしともう一人、たった二人だけだったわよ。おかげでゆったり入れてお風呂を満喫できて最高だったわ。お父さん、お・気・の・ど・く・で・し・た！」

　後で知ったそうだが、初島は、アニメオタクの聖地になっていて、その日はちょうど「ラブライブ！　サンシャイン！　！　聖地巡礼《初島編》」という催しと重なっていたという。同僚は多くのアニメオタクと一緒に風呂に入るという稀有な体験をしたのだった。

【合同チーム】

「なんで、Ｒ中とＫ中とＳ中の三校がくっついて連合チームを作れるだ？」

「今は昔ほどうるさくなくなって、隣接市町村でなくても合同チームをつくっていいことにな

りました。合同チームの定義が曖昧になってるみたいです」

「そうか、昔に比べて合同チームの決まりが、〝アイマイミー〟（I my me）になってるってことだな……」

「正確には、〝アイマイミーマイン〟（I my me mine）の四段活用ですよ！」

【トロンボーン】

音楽専科の校長が教職員に、驚きのメッセージを発信した。

> ［新着］職員男子トイレの妙（忙しい盛りの先生方へ）
>
> 教育は常に発見の連続です。
>
> 我々教師はそこから学ぶこともあれば反省することもあります。日常と片付けず「気が付くこと（感じること）」が必要です。
>
> さて、小生、職員男子トイレで用を足し出ようとしたとき、不意に後ろからトロンボーンの音が聞こえてきました。それも生徒に聞かせたいくらい素晴らしい音色です。終止形に聞こえたのでチューナーで調べたところG↓Dという結果が出ました。すなわちソ↓ドという5度の音程になります。嘘だと思うなら、男性職員トイレに響く素晴らしいトロンボーンの音色を何度でも味わってください。珍百景間違いありません。

現場に行って確認すると、大便所の木戸が閉まるときに、木と木が微妙に擦れあい、まさにトロンボーンのような音色が聞こえた。校長が言うようにあまりにも素敵な音色だったので、何度も戸を開け閉めして聞いた。その音をスマホのボイスメモに録音し、帰宅してからも何度も聞いた。その音色は確かに奇跡の〝トイレ戸ロンボーン〟だった。

【続トロンボーン】

「これはなんの音でしょう〜か？」

高校時代吹奏楽部に所属していた妻に、携帯ボイスメモに録音した〝トイレ戸ロンボーン〟の音を聞かせた。

「トランペット！」

「ブーッ、残念でした。トランペットではありません」

「ほいじゃぁトロンボーン」

「正解です。正解は、トロンボーンですと言いたいところですが、これは楽器ではありません。学校のトイレの戸が閉まるときの音です」

「え〜！　本当に〜？　嘘でしょう〜！　ものすごく良い音色じゃん！」

【ラップ】

「ごちそうさまでした。今日も美味しかったなぁ～。お母さん、ありがとう。余ったおかずもったいないからラップしとくよ～」

「ええありがとう～、助かるわ。お願いしま～す」

「わかったよ♪　残ったおかず～♪　俺がラップする～♪　今日のおかずも　サイコー♪　美味しかったぜ♪　いつもありがとう♪　ヘイヘイ♪　イェ～イ♪　乗ってるか～い♪」

「あんたさっきから踊りながらぶつぶつ言ってるけど、なにやってるの？　どういうこと？　説明してちょうだい……」

奥様は〝ラップ〟をかけながら〝ラップ〟を奏でている旦那様に説明を求めた。残念ながら鈍感な奥様には、ユーモアを説明するという屈辱を味わう旦那様の気持ちを察することができなかった。

【濡れ衣】

事務主幹に、

「あたしの日記読んだでしょう？　内容がそっくりだったわよ！」

と言われたが、完全に濡れ衣だ。主幹の日記など見たことも触ったこともない。だが長年日記を書いていることは、本人から聞いて知っていた。

あたしは今日もひとりでカラオケ♪に行きました。

こないだ家で歌ってたら息子がうるさいと言ったので、夜十時を過ぎていましたが、ひとりでカラオケに行きました。

高得点を取った時はその証拠に写メを撮ります。

カラオケやって大きな声を出すと痩せるって聞いたんですが、ぜ〜んぜん痩せません。何か良いダイエット法はないかしら？


「あたしの日記読んだでしょう」と言うくらいだから、こんな内容を書いているのは間違いない。

【避難訓練2】

発煙筒に火をつけて避難訓練をやった。

「先生〜っ、大丈夫ですかぁ〜〜〜〜〜〜?!」

生徒を引率しての避難時、発煙筒の煙で前が見えなくなったレジェンド先生は閉まったシャッターに顔面をもろにぶつけて多量の鼻血を出し、鼻骨を骨折した。

贈る言葉

【無気力】

「はぃ、みんな～、黒板見てくださいよ。こんな風に蓋が付いてて逃げられない檻に犬が入っています。この檻の床は鉄製で、スイッチ押すと床に電気が流れます。しびれて驚いた犬は逃げようとしますが、蓋があるから逃げられません。この実験を何度も何度も繰り返したあとで、檻の蓋を外して電気を流します。蓋がないから犬は逃げることができますが、犬はどうすると思いますか？」

「逃げないで、檻の中でじっとしてると思います……」

「そうですね、その通りです。犬は逃げないでその場にうずくまっているそうです。この実験で分かったことがあります。それは失敗経験の連続は無気力を生むってことです。無気力っていうのは諦めですね。今まで君らは小学校からずっと勉強してる。テストだって何百回も受けてるはずです。もしかしたら君らの中に、もう無理とか、やってもできないって諦めてる人はいませんか？　この話は勉強ばっかじゃない。部活でも夢や目標でもなんでもそうだけど、諦めたら絶対にできるようにはならないのです。大切なことは諦めないことです。無理だって思わないことです。諦めないで自分の可能性を信じることが大切なんです」

【親切】

「親切っていう言葉なんですが、親を切って何で親切なんだって思ってる人がいるでしょうね？　でも親切っていう言葉には、親に接する時のように大切に接しなさいよっていう意味があるんですよ……」

【叶】

「あのね、吐くという字は口偏に〃＋－〃（プラスマイナス）でできていますから、いろんな思いを、良いことも悪いこともぜ～んぶ口に出して良いんですって。でもね、だんだん〃－〃（マイナス）な発言を減らしていく。そうするといつの間にか〃－〃（マイナス）が消えて、〃＋〃（プラス）になる。つまり、願いが〃叶〃うようになるんですってよ」

【鶏頭】

職員室のホワイトボードに、〃けい頭牛尾〃と書いて、若手に紹介した。
「見ての通り〃牛尾〃は牛の尾っぽだが、〃けい頭〃て何の頭だと思う？」
「蛍ですか？」
「フム……、確かに蛍は蛍雪《けいせつ》の功という言葉もあって〃けい〃と読むが残念、不正解だ。正解は、鶏の頭だ。〃鶏頭牛尾〃。この言葉は、牛のしっぽになるより鶏の頭になった方がいいっていう言葉だな」

【先生のお話】

「ジャ〜ン！　これはなんでしょう？」

「シャベルで〜す！」

「そうです、シャベルですね。ではなにをするものでしょう？」

「土を掘る道具で〜す！」

「その通りですね。さて皆さん、このシャベルを使って、ただ穴を掘れって言われたとしたらどう思いますか？　やだなぁとか、面倒くさいなぁ〜と思うでしょうね。ではこれを使って土の中の宝物を探せって言われたらどうでしょう？　みんな一生懸命に土を掘るんじゃないですか？　宝物を探して必死に掘るはずです。実は毎日の勉強も穴掘りと同じなんです。面倒くさいとか、かったるいとか感じながらやっても身につきません。あなたたちの中にはたくさんの宝物が眠っているのです。その宝物を勉強というシャベルを使って掘り起こすのです。そうやって考えると、面白くなって勉強できるようになるんじゃないですか？」

【動機付け】

「はぃみんな〜、黒板見てくださいよ。今から動機付けの話をします。動機付けっていうのは、なにをきっかけに動くかってことで、外的な動機付けと、内的な動機付けがあります。外的動機付けっていうのは、例えば君らの中に今度のテストで二百点以上とったらゲームソフトを買ってもらえるから勉強頑張るっていう人はいませんか？　お母さんに叱られるから仕方なくやるとか、誰かに誉められたいからやるっていう人はいませんか？　今言ったような人は、自分以外の人から、何らかの刺激や働きかけがあるから動く人なんです。そういう人のことを外的動機付けで動く人って言います。いっぽう内的動機付けで動く人っていうのは、やってることが面白いとか楽しい。気持ちが良いとか好きだからという理由で動く人のことです。内的動機付けで動く人っていうのは、他人の働きかけなど関係ない。褒められようが叱られようが関係ない。自分の心で決めて動ける人のことです。〝知好楽〟っていう言葉がありますが、人はまずいろんなことを知り、それを好きになり、さらにはやってることが楽しくなるという言葉です。最高なのは、知好楽の〝楽〟。今やってることが楽しいと感じながら活動することです。そういう人は、満足感や充実感を感じます。一流の人の共通点は、自分のやっていることが好きで楽しくておもしろくて仕方がないんです。だからグングン上達して一流になるんです。みんなも楽しいことや面白いこと、大好きなことをたくさん見つけられたらいいな！」

【思考と感情】

「こないだ先生が教えてくださった言葉を噛み締めましたっけ……」

「俺なに言ったたっけか？」

「思考と感情の話をしてくれたじゃないですか……」

「あぁ、あの話か……。俺もあの言葉には、何度も救われただよ……」

『感情は思考の副産物』という言葉がある。人は感情の動物だなんて言う人もいるけど、感情ってなかなか自分じゃコントロールできない。どんな感情を引き起こすのかっていうのが思考だ。思考は何を考えるかってことだ。何を考えるかは自分の意志で選び、決めることができる。だから、楽しいことを考えれば楽しい感情になるし、辛いことや嫌なことを考えれば辛く嫌な感情になる。どんな感情を抱くかは何を考えるかによって決まるんだね。

【五者悟入】

新採時、教師になったなら「五者悟入」を目指せと言われた。
五者とは、
①学者（学問に優れた人。学問・研究を専門とする人。知識の豊富な人）。
②易者（易占などの占いを職とする人。八卦見。占い師）。
③医者（病気や傷の診察・治療を職業とする人。医師）。
④役者（俳優。弁舌や才知、かけ引きなどにすぐれる人。役目にある人）。
⑤行者（修行者。修験道を修する者。山伏）。

【贈る言葉】

体育館で、卒練（卒業式練習）が始まった。残り僅かな中学校生活、三年部の職員が輪番で卒業生に言葉を贈った。その日は三年五組担任の番だった。

・「細かいことばっかり言ってうるさい」「大きなお世話だ」「納得できない」など、中学生の時のあたしは、大人や先生は敵だと思ってた。だが、後になって、大人になってから、その有難みを感じた。
・人生お金が無くたってなんとかなるから大丈夫。あたしは何度もそんな目に遭いました。
・人は平等では無いが、時間は平等に与えられる。時間の使い方が大切です。
・あたしは関わった人が幸せになるように生きている。
・社会に出ると、嫌なことや苦しいことがいっぱいある。我慢すること、めげないことが大切だ。
・嫌だけどやらなくてはならないことは、キチンとしっかりやる。
・当たり前のことを当たり前にやる。
・自分を好きにならないと人を好きになれない。まず自分を好きになれ。
・楽しいときは誰とでも一緒にいれる。苦しいときに一緒にいてくれるのが友達。そんな友達を作ろう。
・人生は少しくらい優秀よりも、可愛がられる人の方がいい。可愛がられる人になるには、いろんなことを心を込めて精一杯やれる人になればいい。

【宝物】

『明るく安心して暮らせるまちづくり県民大会』が、市内で催された。その会の一部、『青少年健全育成の部』で、三年の生徒が『人生を変えた出会い』というテーマで体験文を発表した。

『先生と出会って』

自分は、中学に入学してひとりの先生に出会いました。

その先生は人として大切なことをいろいろ教えてくださいました。先生は　保健体育の先生で自分のクラスの担当をしています。先生は時に厳しく、時には優しく、人のことを思いやる気持ちがある先生です。先生に出会って自分は人が変わったと思います。そんな先生が教えてくださったことで、心に残ったことをいくつか紹介します。

まず、「あいさつ」についてです。あいさつをすると人の気持ちは温かくなります。あいさつの「あ」は、「明るく・愛を込めて」あいさつの「い」は、「いつも・いつでも」。あいさつの「さ」は、『先に』。あいさつの「つ」は、「続けて」。先生はあいさつの仕方、大事さを教えてくれました。それを学んだ自分は、あいさつに対しての気持ちが変わりました。今までは当たり前のように人にあいさつをしていましたが、今では人の心を温かくしようと思ったり、いつも笑顔で自分からすることを心がけるようになりました。これからも先生に教わった「あいさつ」を心がけていこうと思います。

二つ目に「喜び」について、先生は教えてくださいました。「喜び」には「してもらう喜び」

「できる喜び」「施す喜び」があります。産まれたばかりの頃、自分は何もできずに周りの人に世話をしてもらいました。してもらうことに喜びを感じていました。それが「してもらう喜び」です。成長していくと、いろいろなことができるようになりました。読むこと、書くこと、走ること、その時自分はできることに喜びを感じていました。それが「できる喜び」です。もう一つの「施す喜び」は、自分が喜びをつくるのです。先生は「施す喜びをしなさい」と教えてくださいました。今までは支えられることばかりでした。しかし、今はもう自分が喜びをつくり、人を笑顔にする番です。今までは人を喜ばすチャンスがあっても、そのチャンスを逃してしまうこともありました。しかし今は、人を喜ばせるために、チャンスをつかもうと心がけています。人の笑顔は人を幸せにします。

最後にもう一つ心に残ったことがあります。それは、「外的動機付け」と「内的動機付け」について教えてくださいました。外的動機付けとは、自分ではない他の何かが関係して行動をするのです。親に言われたから、友達に誘われたから、ご褒美があるから、など人に動かされるのが外的動機付けです。それに対して、内的動機付けは他のものは関係なく、自分から進んで行動するのです。そのことが好きだ！　楽しい、おもしろい、と思ってやることは一番最高です。外的動機付けよりも、内的動機付けの方が良いことなのです。だから自分は、何事も他の人に動かされる外的動機付けではなく、自分からやる内的動機付けで行動していきたいと思います。今までは他のものに動かされることもありましたが、自分の意思でやることを心がけて日々過ごしています。

自分はこんな素敵な先生に出会って、人としての考え方が変わりました。先生に感謝します。

中村　和弘（なかむら かずひろ）

1958（昭和33）年4月20日生まれ。体育系の四年制大学を卒業後、22歳から静岡県公立学校の中学校教員。60歳の定年退職後、再任用雇用にて3年間特別支援学級の学級担任。2022年度末に退職し、41年の教員生活に別れを告げた。
『笑学校』は40を過ぎたころから職場でのことを書きためたノンフィクションの内容で構成した。

笑学校

2023年12月28日　第1刷発行

著　者　中村和弘
発行人　大杉　剛
発行所　株式会社 風詠社
〒553-0001 大阪市福島区海老江5-2-2
大拓ビル5 - 7階
TEL 06（6136）8657 https://fueisha.com/
発売元　株式会社 星雲社
（共同出版社・流通責任出版社）
〒112-0005 東京都文京区水道1-3-30
TEL 03（3868）3275
印刷・製本　シナノ印刷株式会社

ISBN978-4-434-33231-9 C0095

乱丁・落丁本は風詠社宛にお送りください。お取り替えいたします。